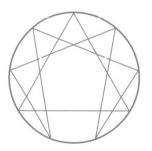

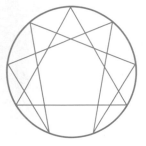

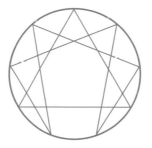

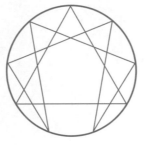

THE ENNEAGRAM

改變你一生的

九型人格

大中華區首位國際九型人格學認證講師

胡挹芬／著

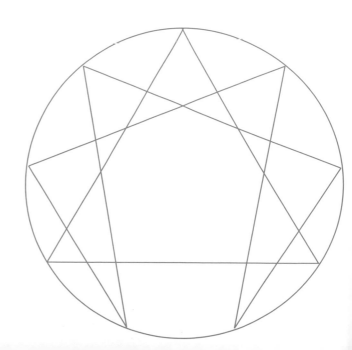

CONTENTS

Part 2 誰是你的搖錢樹
找對伙伴·事半功倍

CONTENTS

前言

破解畢達哥拉斯的密碼

破解畢達哥拉斯的密碼

我是一個喜歡探索神祕事物的人。

從小，我就對「不可知」的世界有著濃厚的興趣。從各種古老的神鬼傳說、無解的謎團，到現代科學也難一探究竟的太空幽浮等，都讓我深深著迷！

我也相當喜歡算命。由於祖父與舍弟都是八字高手，我耳濡目染也小有心得。高中時期，曾以塔羅牌幫同學們解答愛情與學業的困惑；赴美攻讀碩士時，因緣際會接觸到「天使牌」，更讓我對充滿在宇宙間的能量，有了不同面向的驗證。

就在一次與美國同學閒聊時，我認識了（The Enneagram九型性格學）（註一），一個集古希臘、中東宗教、基督教……等古老智慧之大成的心靈成長法門。這套性格分析術並非依照出生日期計算的「生命靈數」，而是兼具神祕古傳統與現代心理學的識人智慧。

愈深入研究「九型性格學」後，讓篤信命理的我有了很大的轉變！我發現，隨著年紀增長，所謂「命運」，只有三十分天定，七十分是操之在性格。人們絕對可以透過性格上的覺醒，進一步扭轉自己的命運；更能夠透過瞭解他人的性格，經營出成功快樂的人生。

而這一切的祕密，早在兩千多年前，就已經藏身在畢達哥拉斯的私人筆記當中，靜待後人的破解！

未公諸於世的靈修地圖

畢達哥拉斯，為一位於西元前五八〇年的古希臘哲學家。他的一生當中，有許多重要的發明與貢獻，其中最有名的就是數學中的「畢氏定理」；而近年來風行的「生命靈數」，也是畢氏研究「占數術」的心得之一。

然而，在畢氏的私人筆記本中，有一張獨立存在的手繪草圖（圖一），這張圖，便是二千年後的今天，歐美身心靈修習者人手必備的靈修地圖──九型性格學（The Enneagram）的圖形。

可能因為文化遷徙的因素，畢達哥拉斯的Enneagram圖輾轉流傳到中東。

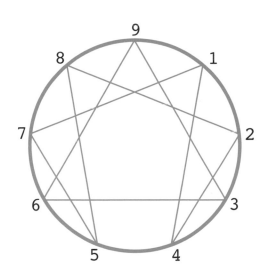

圖一 畢達哥拉斯筆記中的草圖

第一次世界大戰前，希臘──亞美尼亞裔的古祺夫（George Gurdjieff）又將Enneagram圖由中東地區帶回歐洲，並以蘇非教（Sufism）等古老傳統加以闡釋，用以說明心靈轉換的過程。

然而，目前我們所運用的The Enneagram，則是由玻利維亞人艾伽索（Oscar Ichazo）於一九六〇年集其大成的智慧結晶（參考圖二）。

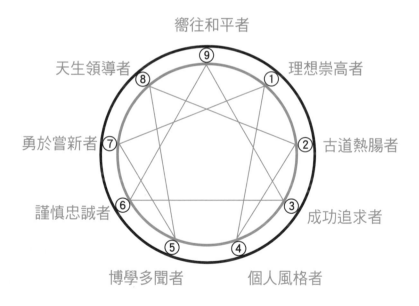

圖二 加上九種性格類型的「The Enneagram九型性格圖」

不僅僅是性格分析

The Enneagram將性格分成九大類型：

第一型性格：理想崇高者。

第二型性格：古道熱腸者。

第三型性格：成功追求者。

第四型性格：個人風格者。

第五型性格：博學多聞者。

第六型性格：謹慎忠誠者。

第七型性格：勇於嘗新者。

第八型性格：天生領導者。

第九型性格：嚮往和平者。

但是，請不要誤以為世界上完完全全就只有九種人，每個人一定「規規矩矩」地屬於某一個性格類型。這不僅不符合現實狀況，更忽略了The Enneagram的精神。

The Enneagram主張人性是流動的，也就是說，每個人的性格是一個綜合體，或多或少都擁有這九種性格特質，只是強度不同罷了。強度最強的，就是你的主要性格類型。雖然，你也會呈現出其他性格類型的特質，但是在人生重要的關鍵時刻，影響你決定的，仍是你的主要性格類型。

我個人之所以為The Enneagram著迷，不僅僅是它精確的性格描

述，同時，它還能夠明確地指出每一種性格的潛在動機與看世界的角度，讓我不僅能覺察自己的行為模式，避免一再做出後悔的決定，更可以洞悉他人刻意隱藏的心思，幫助我澄清心中的疑慮。

哈！有誰不想擁有神奇的「讀心術」呢？

解開密碼之後……

畢達哥拉斯認為，想要擁有一個美好的人生，首先，你必須要瞭解自己，找出你此生要來學習的事物，並且發揮優點，改善缺點。

畢氏的理論，與The Enneagram的終極任務——探索自我，不謀而合。或許可以說，世上不同的宗教、靈修等最終目的，其實是殊途同歸，只是用功的方法與修習的階段不同罷了。

The Enneagram只是一個認識自我的工具，一張探索人性的地圖。它不是一個咒語，更沒有辦法瞬間讓一段惡化的關係起死回生。然而，當你找到你的，或是你所在乎的人的性格密碼時，恭喜你！你已經找到了幸福的起點。接下來的人生要如何經營，要好要壞，要和諧要衝突，就完全看你的決心與努力！

不多說，先來看看如何運用The Enneagram幫助你把每一位朋友，都變成天上掉下來的禮物吧！

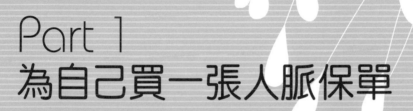

Part 1
為自己買一張人脈保單

人人都懂得「天有不測風雲」的道理，所以，現代人都不敢忽視保險的重要性。除了買個心安，一份健全的保單，的確能在我們需要的時候，發揮其「臨危救命」的功能。

但是，想想看，人生中除了意外、生病、死亡等重大的災難，還有哪些情況是我們需要幫忙，而人壽保險卻幫不了我們的？當你失戀的時候，誰會陪你借酒澆愁？朋友！當你想換工作的時候，誰會幫你問問機會？朋友！當你開店做生意的時候，誰會先來捧場？當然是朋友！當你遇到困難的時候會向誰求救？大概還是朋友吧！

所以，人壽保險買保障，人脈保單是為自己買機會！

不過，請不要誤會，這一本書並不是要教你以「利益」為出發點去交朋友，而是希望從性格的角度，幫助你找出做事風格相合（你的搖錢樹）、處世態度相近（你的靠山）、彼此間有正面的磁場（你的桃花貴人），或是個性上互補（你的生命教練）的朋友。讓你不僅能發揮自身的優點，同時也可以激發對方的潛力，讓兩個人的友誼產生相輔相成的效果，若要合作，也比較容易出現雙贏的局面。

建議你依照下列順序來使用本書

①

依照書中的性格測驗，

找出你自己與好朋友的「九型性格類型」。

②

接著，根據「人脈特搜速查表」，

查出兩個人之間最適合發展的關係是哪一種。

③

最後，請翻到本書相關的章節，

去熟悉對方的性格、與對方相處的技巧，

以及讓友誼長存的小祕訣。

找對你的性格密碼

　　想知道如何讓身邊的朋友成為你的「後援部隊」嗎？首先，你得先瞭解自己。掌握了自我的優勢與弱點後，你才能好好運用別人的長處！

　　下面提供「快速題測」與「深度題測」兩個單元，建議先做「快速題測」，再做「深度題測」。現在，趕快去找到你的性格密碼吧！

快速題測

　　下面是依據「The Enneagram——九型性格學」理論，設計出的簡單卻精準的性格遊戲。請以輕鬆、但是盡量誠實的態度來進行吧！

請選擇一個你覺得性格最像你的英雄人物，來代表自己：

● 即使在混亂中，也能保持冷靜機智的蝙蝠俠。

● 遇到不如意，很快就能樂觀面對的超人先生。

● 勇敢浪漫，擁有赤子之心的蜘蛛人。

提醒你，不是選你最喜歡的，而是選你覺得性格與你最接近的人物喔！

如果你選擇的是蝙蝠俠？

為了要比超人先生與蜘蛛人先找到寶藏，你會──

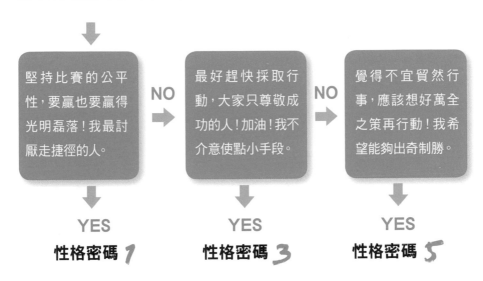

堅持比賽的公平性，要贏也要贏得光明磊落！我最討厭走捷徑的人。 → **NO** → 最好趕快採取行動，大家只尊敬成功的人！加油！我不介意使點小手段。 → **NO** → 覺得不宜貿然行事，應該想好萬全之策再行動！我希望能夠出奇制勝。

YES **性格密碼** *1*　　**YES** **性格密碼** *3*　　**YES** **性格密碼** *5*

如果你選擇的是超人先生？

當你發現你是第一個找到寶藏的人，你會──

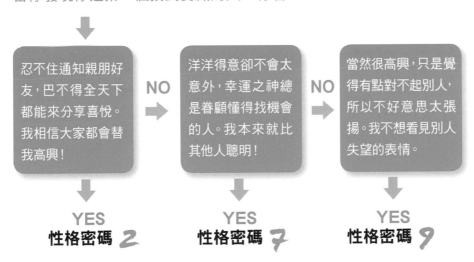

忍不住通知親朋好友，巴不得全天下都能來分享喜悅。我相信大家都會替我高興！ → **NO** → 洋洋得意卻不會太意外，幸運之神總是眷顧懂得找機會的人。我本來就比其他人聰明！ → **NO** → 當然很高興，只是覺得有點對不起別人，所以不好意思太張揚。我不想看見別人失望的表情。

YES **性格密碼** *2*　　**YES** **性格密碼** *7*　　**YES** **性格密碼** *9*

如果你選擇的是蜘蛛人？

當你發現蝙蝠俠與超人先生成了好朋友，你會——

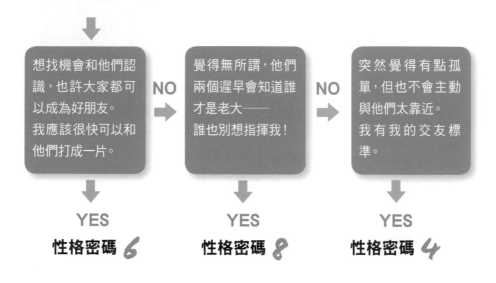

想找機會和他們認識，也許大家都可以成為好朋友。
我應該很快可以和他們打成一片。

NO

覺得無所謂，他們兩個遲早會知道誰才是老大——
誰也別想指揮我！

NO

突然覺得有點孤單，但也不會主動與他們太靠近。
我有我的交友標準。

YES

性格密碼 6

YES

性格密碼 8

YES

性格密碼 4

深度性格題測

現在，你已經找出自己可能的性格類型了。

請前往每一種性格類型的深度題測，

勇敢地揭開你的性格密碼吧！

深度性格題測

● 做深度題測時，請注意──

不必拘泥於某幾個文字，只要「感覺上是我」就可以了。

也不必花時間苦心「模擬」所有的狀況，只要該敘述呈現了你過去對事情的反應，或是現在的態度即可。

● 給分方式

　我很少這樣──0分

　我有時這樣──1分

　我常常這樣──2分

小 提 醒

如果，在做完相關題測後，

你還是無法確定自己的性格類型，請不要氣餒或放棄！

也許，這意味著你應該學習重視自己，

多多瞭解自我的感受與動機。

每個人或多或少都擁有九種性格類型的特質，

但是，一定有一個是你最主要的性格類型，

而那通常是你題測得分最高的那個類型。

所以，你也可以將每一種性格類型的題測都做做看，

看哪一個得分最高，

那很可能就是你的性格密碼！

第一型性格

請細讀下列10個敘述題,並評估是否與自己的個性相合。

● 給分方式

我很少這樣——0分　我有時這樣——1分　我常常這樣——2分

測驗題

1 我總是要求自己做事不出錯;我討厭犯錯的感覺。

　　□我很少這樣□我有時這樣□我常常這樣

2 我是一個很講求原則的人。

　　□我很少這樣□我有時這樣□我常常這樣

3 許多事我不放心交給別人去做。所以,我常常做了比我原本該做的多得多。

　　□我很少這樣□我有時這樣□我常常這樣

4 我覺得是非一定要分明;我最討厭想模糊焦點、掩蓋錯誤的藉口。

　　□我很少這樣□我有時這樣□我常常這樣

5 大多數人認為我是一個認真負責、理性有內涵、追求完美的人。

　　□我很少這樣□我有時這樣□我常常這樣

6 我有強烈的使命感,我相信我可以為世界做點事情。

　　□我很少這樣□我有時這樣□我常常這樣

7 我也有不理性的時候，甚至會有反叛世俗的想法。但基本上，我是一個憑良心做事的人。

□我很少這樣□我有時這樣□我常常這樣

8 我不明白為什麼有些人的自我要求那麼低。

□我很少這樣□我有時這樣□我常常這樣

9 我也想和別人一樣可以很快地放鬆自己。

□我很少這樣□我有時這樣□我常常這樣

10 很多事都需要我處理；我必須比別人更有組織力、更有辦法。

□我很少這樣□我有時這樣□我常常這樣

結果

5分以下	你可能不是第一型性格的人。 （建議：請再做一次「快速性格題測」）
6至15分	你擁有第一型性格的特質。 （建議：請做「第三型性格」與「第五型性格」 的「深度性格題測」）
16至20分	你可能是第一型性格的人。

第二型性格

請細讀下列10個敘述題，並評估是否與自己的個性相合。

● 給分方式

我很少這樣——0分　我有時這樣——1分　我常常這樣——2分

測驗題

1 有些人覺得我是一個大善人，其實，我知道自己的缺點，所以，我並不認為自己有那麼好。

　　□我很少這樣□我有時這樣□我常常這樣

2 我不會把給別人的恩惠掛在嘴上，但如果那個人並未注意或不在乎我為他所做的一切，這會讓我有點悶。

　　□我很少這樣□我有時這樣□我常常這樣

3 我很關心我的朋友；我有不少的親密好朋友，隨便數數至少有五個以上。

　　□我很少這樣□我有時這樣□我常常這樣

4 如果有人一開始對我並不在意，我發現，我會想試著以關懷去「收服」他。

　　□我很少這樣□我有時這樣□我常常這樣

5 我很容易與人交談、成為朋友。

　　□我很少這樣□我有時這樣□我常常這樣

6 我不會當面對人說出我對他的不滿，我通常轉向第三者抱怨。

□我很少這樣□我有時這樣□我常常這樣

7 我是一個處處為人著想，並以實際行動展現慷慨大方的人；我很高興自己這樣做。

□我很少這樣□我有時這樣□我常常這樣

8 我喜歡與家人或朋友們相聚，尤其當他們跑來找我訴苦或求助，更讓我覺得自己有價值。

□我很少這樣□我有時這樣□我常常這樣

9 我生命中重要的人知道我有多在乎他們，也明白我願意為他們做任何事——對我來説，這是非常重要的。

□我很少這樣□我有時這樣□我常常這樣

10 我很樂意被大家所需要。誰不是這樣呢？

□我很少這樣□我有時這樣□我常常這樣

結果

5分以下	你可能不是第二型性格的人。 （建議：請再做一次「快速性格題測」）
6至15分	你擁有第二型性格的特質。 （建議：請做「第七型性格」以及「第九型性格」的「深度性格題測」）
16至20分	你可能是第二型性格的人。

第三型性格

請細讀下列10個敘述題，並評估是否與自己的個性相合。

● 給分方式

我很少這樣──0分　我有時這樣──1分　我常常這樣──2分

測驗題

1 我不喜歡「無事可努力」的不踏實感。

　　□我很少這樣□我有時這樣□我常常這樣

2 有些人只是不表現出來，但我看得出他們其實是羨慕我的。

　　□我很少這樣□我有時這樣□我常常這樣

3 我很擅長掩飾我的情緒，一般人很難看穿我內心真正的感受。

　　□我很少這樣□我有時這樣□我常常這樣

4 當計畫進行不如預期，應該馬上改變策略，達到目標是唯一的考慮，不管要付出什麼代價。

　　□我很少這樣□我有時這樣□我常常這樣

5 在別人眼中我是個工作狂。的確，我完成的工作愈多，成就感愈大；成就感愈大，我就做得更多！

　　□我很少這樣□我有時這樣□我常常這樣

6 我希望在各方面都能表現出色稱職；我不會讓自己表現效率低或能力差。

□我很少這樣□我有時這樣□我常常這樣

7 我盡量呈現出自己最好的一面。誰不是這樣呢？

□我很少這樣□我有時這樣□我常常這樣

8 當我覺得沒有安全感時，我的態度會相當冷淡。

□我很少這樣□我有時這樣□我常常這樣

9 我希望給別人良好的印象，所以，我通常表現得很有風度，不會與人正面衝突。

□我很少這樣□我有時這樣□我常常這樣

10 我常常不自覺地想跟別人比較。

□我很少這樣□我有時這樣□我常常這樣

結果

5分以下　你可能不是第三型性格的人。
　　　　　（建議：請再做一次「快速性格題測」）

6至15分　你擁有第三型性格的特質。
　　　　　（建議：請做「第一型性格」以及「第五型性格」的
　　　　　「深度性格題測」）

16至20分　你可能是第三型性格的人。

第四型性格

請細讀下列10個敘述題，並評估是否與自己的個性相合。

● 給分方式

我很少這樣——0分　我有時這樣——1分　我常常這樣——2分

測驗題

1 我傾向憑我的直覺或感覺做出決定。

　　□我很少這樣□我有時這樣□我常常這樣

2 我深信我應該對自己誠實，盡量從人性角度思考；我總是要求自己不造作、展現真實的自我。

　　□我很少這樣□我有時這樣□我常常這樣

3 若某件事情無法照著我的構想進行，我會很難投入。

　　□我很少這樣□我有時這樣□我常常這樣

4 我在心裡創造出一個想像的世界。雖然一切都是虛構，但對我卻相當真實，甚至還會有如劇情般的演出。

　　□我很少這樣□我有時這樣□我常常這樣

5 我不想做帶領別人前進的人；但是，我也不想是追隨者。

　　□我很少這樣□我有時這樣□我常常這樣

6 我覺得人生苦多於樂，許多時候是很乏味的。

　　□我很少這樣□我有時這樣□我常常這樣

7 我不喜歡與人在工作上互動太頻繁或太親近。

　　□我很少這樣□我有時這樣□我常常這樣

8 我最不能忍受被誤解。當我被誤解，我會一個人躲起來生悶氣。

　　□我很少這樣□我有時這樣□我常常這樣

9 找到自我，而且真誠面對自己的感覺，這一直是我生命中非常重要
的動力。

　　□我很少這樣□我有時這樣□我常常這樣

10 我最無法忍受低俗的品味。

　　□我很少這樣□我有時這樣□我常常這樣

結果

5分以下　　你可能不是第四型性格的人。
　　　　　　（建議：請再做一次「快速性格題測」）

6至15分　　你擁有第四型性格的特質。
　　　　　　（建議：請做「第六型性格」以及「第八型性格」的
　　　　　　「深度性格題測」）

16至20分　　你可能是第四型性格的人。

第五型性格

請細讀下列10個敘述題，並評估是否與自己的個性相合。

● 給分方式

我很少這樣——0分　我有時這樣——1分　我常常這樣——2分

測驗題

1 我認為，心智活動是人類所能從事的活動中最令人興奮的一種。

　　□我很少這樣□我有時這樣□我常常這樣

2 當你認真地去觀察這個世界，你會發現，很多看起來理所當然的事情其實並非如此。

　　□我很少這樣□我有時這樣□我常常這樣

3 遇到問題時，我通常傾向自己解決。

　　□我很少這樣□我有時這樣□我常常這樣

4 世上白目的人不少，令我驚訝的是，所有的事情居然還能夠運作自如！

　　□我很少這樣□我有時這樣□我常常這樣

5 我有一些從沒對任何人說過的想法。那些想法也許很怪，甚至有點嚇人，但那就是我所觀察到的世界。

　　□我很少這樣□我有時這樣□我常常這樣

6 我懂很多事情，在某些領域裡，我絕對有資格稱得上是專家。

　　□我很少這樣□我有時這樣□我常常這樣

7 我喜歡找出事情背後的原理，並且直到我完全瞭解才甘休。

　　□我很少這樣□我有時這樣□我常常這樣

8 我十分專注在我所做的事情上，因此常常忘了時間。

　　□我很少這樣□我有時這樣□我常常這樣

9 我是一個重視隱私的人，所以我不會與人太親近。

　　□我很少這樣□我有時這樣□我常常這樣

10 我盡量保持低調。我最怕那種侵略性強、很情緒化的人。

　　□我很少這樣□我有時這樣□我常常這樣

結果

5分以下	你可能不是第五型性格的人。 （建議：請再做一次「快速性格題測」）
6至15分	你擁有第五型性格的特質。 （建議：請做「第一型性格」以及「第三型性格」的「深度性格題測」）
16至20分	你可能是第五型性格的人。

第六型性格

請細讀下列10個敘述題，並評估是否與自己的個性相合。

● 給分方式

我很少這樣——0分 我有時這樣——1分 我常常這樣——2分

測驗題

1 雖然我曾經成功地完成不少工作，但是，我仍然會懷疑自己的能力。

　　□我很少這樣□我有時這樣□我常常這樣

2 當我要做一個重大決定時，我會請我信任的人提供意見。

　　□我很少這樣□我有時這樣□我常常這樣

3 必要時，我的態度可以變得很強硬，但在內心深處，我並不是那麼堅強。

　　□我很少這樣□我有時這樣□我常常這樣

4 我不喜歡做重大的決定，但我也絕不會讓別人幫我做決定！

　　□我很少這樣□我有時這樣□我常常這樣

5 當別人對我友善時，我通常會比較信任他。

　　□我很少這樣□我有時這樣□我常常這樣

6 我不見得會遵守規則，但是，我必須知道有哪些規則。

　　□我很少這樣□我有時這樣□我常常這樣

7 我是一個認真工作的人，工作沒有完成，我無法放鬆。

　　□我很少這樣□我有時這樣□我常常這樣

8 大家都說我想太多，那是因為他們根本不瞭解真實的情況！

　　□我很少這樣□我有時這樣□我常常這樣

9 我就是沒有辦法不去想那些可能會出現的壞狀況。

　　□我很少這樣□我有時這樣□我常常這樣

10 我對權威並不完全認同；但遇到麻煩時，我會想依附在強而有力的
　　人或體制下，這樣感覺比較安心。

　　□我很少這樣□我有時這樣□我常常這樣

結果

5分以下	你可能不是第六型性格的人。 （建議：請再做一次「快速性格題測」）
6至15分	你擁有第六型性格的特質。 （建議：請做「第四型性格」以及「第八型性格」的 「深度性格題測」）
16至20分	你可能是第六型性格的人。

第七型性格

請細讀下列10個敘述題，並評估是否與自己的個性相合。

● 給分方式

我很少這樣──0分　我有時這樣──1分　我常常這樣──2分

測驗題

1 和一般人比起來，我算得上是一個多才多藝的人；我對很多事情都非常感興趣。

　　□我很少這樣□我有時這樣□我常常這樣

2 遇到挫折，我總是很快就能站起來。

　　□我很少這樣□我有時這樣□我常常這樣

3 我喜歡充實的人生，我的行程總是滿檔。

　　□我很少這樣□我有時這樣□我常常這樣

4 「一心多用」是我一個很大的問題。

　　□我很少這樣□我有時這樣□我常常這樣

5 我的計畫總比我完成的事情多得多。

　　□我很少這樣□我有時這樣□我常常這樣

6 我不太喜歡和心情沮喪的朋友碰面，我會覺得壓力很大，很想趕快結束這種氣氛。

　　□我很少這樣□我有時這樣□我常常這樣

7 我無法忍受無趣的生活；我通常不會讓自己無聊。

　　□我很少這樣□我有時這樣□我常常這樣

8 我是一個掌握大方向的人，而不是去注意枝微末節的小事。

　　□我很少這樣□我有時這樣□我常常這樣

9 我常常多付了原本不該我付的錢。

　　□我很少這樣□我有時這樣□我常常這樣

10 當我不再覺得做某件事有樂趣時，我便不會再做。

　　□我很少這樣□我有時這樣□我常常這樣

結果

5分以下	你可能不是第七型性格的人。 （建議：請再做一次「快速性格題測」）
6至15分	你擁有第七型性格的特質。 （建議：請做「第二型性格」以及「第九性格」的「深度性格題測」）
16至20分	你可能是第七型性格的人。

第八型性格

請細讀下列10個敘述題,並評估是否與自己的個性相合。

● 給分方式
我很少這樣——0分 我有時這樣——1分 我常常這樣——2分

測驗題

1 當我看到不公平的事情,我通常會忍不住衝出去主持正義。
　　□我很少這樣□我有時這樣□我常常這樣

2 我的脾氣火爆,來得快,去得也快。
　　□我很少這樣□我有時這樣□我常常這樣

3 人們總提醒我要控制一下自己,天知道,我已經很收斂了!
　　□我很少這樣□我有時這樣□我常常這樣

4 我從不輕易動搖或退縮,我自認是一個意志堅定的人。
　　□我很少這樣□我有時這樣□我常常這樣

5 我知道如何獲取自己想要的;我很擅長激勵人群幫我工作。
　　□我很少這樣□我有時這樣□我常常這樣

6 即使我的直言會傷害別人,我仍然不會隱瞞我對事情的看法。
　　□我很少這樣□我有時這樣□我常常這樣

7 我最喜歡挑戰不可能的任務，那會讓我感到強烈的滿足感與生命力！

　　□我很少這樣□我有時這樣□我常常這樣

8 我一點都不同情軟弱又猶豫不決的人。他們失敗是必然的。

　　□我很少這樣□我有時這樣□我常常這樣

9 我的內心深處也有柔軟的一面，只是很少人知道。

　　□我很少這樣□我有時這樣□我常常這樣

10 競爭下一定有輸贏，但是我絕不會是那個認輸的人！

　　□我很少這樣□我有時這樣□我常常這樣

結果

5分以下	你可能不是第八型性格的人。 （建議：請再做一次「快速性格題測」）
6至15分	你擁有第八型性格的特質。 （建議：請做「第四型性格」以及「第六型性格」的 「深度性格題測」）
16至20分	你可能是第八型性格的人。

第九型性格

請細讀下列10個敘述題，並評估是否與自己的個性相合。

● 給分方式

我很少這樣──0分　我有時這樣──1分　我常常這樣──2分

測驗題

① 我的個性比較平穩，不像大多數人很容易產生情緒。

　□我很少這樣□我有時這樣□我常常這樣

② 大家都說我是一個很好的聽眾，其實，很多時候我並不專心。

　□我很少這樣□我有時這樣□我常常這樣

③ 有些人說我的記憶力不好；其實，那些事我根本不想去想，因為那
　讓我感到不舒服。

　□我很少這樣□我有時這樣□我常常這樣

④ 我會很認真地完成工作，但是，我也知道如何調適壓力。

　□我很少這樣□我有時這樣□我常常這樣

⑤ 我不介意與人共處，一人獨處我也OK，只要我能保有內心的平靜
　就好。

　□我很少這樣□我有時這樣□我常常這樣

6 我瞭解每個人都有自己的看法，所以我很少推翻別人的想法。

　　□我很少這樣□我有時這樣□我常常這樣

7 我們無法改變已發生的事實，所以有些問題還是不要去想比較好。

　　□我很少這樣□我有時這樣□我常常這樣

8 我很習慣目前穩定的生活方式，我不會想去多做改變。

　　□我很少這樣□我有時這樣□我常常這樣

9 朋友們覺得和我在一起很自在、很有安全感。

　　□我很少這樣□我有時這樣□我常常這樣

10 我寧願讓步，也不願因爭執而成為眾人注目的焦點。

　　□我很少這樣□我有時這樣□我常常這樣

結果

5分以下	你可能不是第九型性格的人。 （建議：請再做一次「快速性格題測」）
6至15分	你擁有第九型性格的特質。 （建議：請做「第二型性格」以及「第七型性格」的 「深度性格題測」）
16至20分	你可能是第九型性格的人。

你是哪一種人？

　　做完上述的性格測驗，也許你已經找到你的性格類型了。不過，也有可能你覺得自己好像是某一型與另一型的「綜合體」。這是剛開始接觸性格測驗常有的狀況，或許意味著，從今天開始，你應該多多觀察自己的言行與動機，如此，你才能真正地分辨出自己到底是哪一種人！

【第一型性格　理想崇高者】

自我要求：我絕對不能出錯。

心中執著：我應該以正確的方式做事。

生命課題：憤怒，學習接受自己的不完美。

　　你是有原則、有使命感、自制力強、追求完美，卻忍不住愛批評的人。你具有崇高的道德標準，願意投入時間、精力與熱情，努力去完成你認為應該去做的事情；那通常是一件你自認能為社會大眾帶來福祉的事情。你非常堅守自己的原則，而且希望自己能保持理性、公平、客觀、沒有偏見的立場，甚至願意犧牲小我以謀求更大的福利。

　　當性格健康度一般時，你容易對現況感到不滿意。除了嚴格的批評之外，你會想去改正看不順眼的事情，希望把事情變成你認為「應該是那樣」的狀況。你覺得自己有責任去指正錯誤、爭辯出是非對錯，甚至

挺身而出，去維持某種「高貴的」價值或是「正確的」標準。你是實際的行動派，希望自己是對社會有貢獻的人。你常常想要衡量自己進步的程度，做任何事情都強調要有意義。

當性格健康度嚴重下滑時，你會變得缺乏耐心，非常沒有彈性。不容許例外，也絕不妥協。你覺得其他人都很懶散、缺乏自我要求，害得你不得不幫他們收拾善後。你認為只要堅持自己的理想就是正確的，而不問自己的所作所為是否真的實踐了理想，還是早已與理想背道而馳？

【第二型性格　古道熱腸者】

自我要求：我要做一個好人。

心中執著：我應該犧牲自己，幫助別人。

生命課題：驕傲，學習放下好人的光環。

你是具有同情心、容易真情流露、大方體貼、十分在意他人感受的人。你很能設身處地為他人著想，並且非常關心他人的需要。你有一顆真誠溫暖、常懷感恩的心，常想著：「只要是好事，就該去做；不管誰得到好處都沒關係，只要有人受惠就好。」你很容易看見他人的優點，但是，卻常常忽略了自己也有同樣美好的特質。

當性格健康度一般時，你可能會因為太想要擁抱人群，潛意識下會不由自主地想取悅他人。你會表現得非常友善，送貼心小禮物、聊私密的消息，甚至過度地感情豐沛，只為了想要贏得更多的朋友。你仍然非

常熱心，而且積極地想要幫助別人，只是有時候，那些需要是你自己創造出來的，並非他人真正需要幫忙的地方。

當性格健康度嚴重下滑時，你會因為長期無怨無悔的付出而感嘆被利用。因為害怕失去他人，所以你堅持自己所做的一切都是為了他人好，在「愛」的名義下，動輒干涉別人的生活，任意地批評與抱怨。事實上，你的內心隱藏著對別人強烈的不滿與怨氣。

【第三型性格　成功追求者】

自我要求：我一定要是最優秀的。

心中執著：我應該把成功放在第一位。

生命課題：欺騙，學習褪下所有的包裝。

你是適應力高、表現突出、好勝心強，而且十分在意自我形象的人。你對自己很有信心，尤其喜歡自己所營造出來的專業形象：積極、充滿幹勁、迷人、對異性有吸引力，而且廣受大家的歡迎。別人的肯定與羨慕的眼光會讓你感到愉快，而你也會想辦法表現出別人心中的價值模範作為回饋。你認為，想要成功就必須心無旁鶩地往目標前進；對你而言，結果比過程更重要。對目標異常專注的你，很擅長激勵他人。

當性格健康度一般時，「成功」是你從事所有活動的動力，甚至交友時，你也會把朋友的「潛力」考慮進去。你對結交新朋友是相當熱衷的。但是，你不會花時間在「無關成功」或「無法展現成果」的事情

上。許多第三型性格者雖然有成功的事業，但是他們卻不樂在工作，因為他們並不是在做自己真正想做的事情。只是，他們往往也不知道自己到底想做什麼，甚至自我催眠地深信，眼前的一切確實是自己想要的。

當性格健康度嚴重下滑時，你會很害怕丟臉，因此利用別人成為不得已的手段。只要這段關係還有利用價值就會維持下去。你雖然很想贏過別人，但又礙於形象不能被識破，這時你很可能會成為耍陰險的雙面人。尤其看到別人獲得了你想要的東西，你會妒火中燒。

【第四型性格　個人風格者】

自我要求：我要找到自己。

心中執著：我就是我，不能跟別人一樣。

生命課題：嫉妒，學習珍惜自己所擁有的。

你是感情豐富、希望能表達自我、充滿激情、自戀又神祕的人。你對自己或他人都十分敏感，待人具有同理心、圓滑、細膩，又很懂得尊重他人。你不會掩飾自己的快樂與感情，也不隱藏難堪的軟弱與恐懼；你喜歡誠實地面對自己與別人，也喜歡別人對你坦誠。你樂於見到別人和你一樣擁有想要的生活。

當性格健康度一般時，你喜歡營造出一種氣氛或是一個環境，然後讓自己沉浸其中。不管是痛苦或是浪漫的氛圍，只為了增強你的自我意識，同時，藉著所塑造的情境來向外界表達自我。你最常透過美的事物

來傳達自己的感情。你傾向被那些能帶給你強烈感覺的人所吸引；你很容易迷戀別人，但是別人不見得能感受得到你的感情，因為很多時候，你的感情只是你單方面的想像，而非兩人真實互動的結果。

當性格健康度嚴重下滑時，你不允許任何人或事來破壞你編織出來的美夢。同時，你會愈來愈依賴生活中某幾位特定的人，因為只有與他們互動時，你才有繼續作夢的能力與感覺。只是，當美夢被戳破時，懊惱又悔恨的你，會躲回到內心的角落，選擇與外界隔絕。

【第五型性格　博學多聞者】

自我要求：我不需要依賴任何人。

心中執著：知識就是我的力量。

生命課題：貪婪，學習與別人分享自己的所有。

你是敏銳、講究創新、低調，且喜歡獨處的人。你的觀察力一流，非常富有實驗的精神，遇到有興趣的事物，你會追根究柢地學習到透澈。你很像神話中擁有智慧與洞察力的先知，具有看穿事物、預知未來的本領。你傾向抱持開放的胸襟去觀看萬事萬物，這使得你能夠看到一般人所看不到的細節，並能努力不懈地去挖掘真相，甚至發展出創新的思潮。

當性格健康度一般時，你樂於做一位旁觀者，尤其在你自認尚未做好萬全的準備前，你不會輕易地行動，或是公開發表自己的想法。你會

花很多時間觀察與思考，並將結果與過去的經驗相連結，然後發展出一套自己的邏輯理論，同時將所有的問題都以這套理論來解答。逐漸地，你不再客觀地觀察環境，而是一看到事情便以你的邏輯來解釋推論。

當性格健康度嚴重下滑時，你會將自己隔絕於人群之外。當他人質疑你的想法時，你會惱羞成怒，並且強烈地攻擊對方。事實上，性格不健康的第五型性格者，會有一種想要推翻他人信仰的衝動。由於你喜歡把不相干的事情連在一起，而且絕對相信自己的推論，因此你在不知不覺中扭曲了現實，並且對一切事物充滿恐懼。

【第六型性格　謹慎忠誠者】

自我要求：我要做好萬全的準備。

心中執著：除非確定安全，不然我無法向前。

生命課題：恐懼，學習相信自己。

你是非常有責任感、重視事前準備、心思縝密，卻也容易焦慮的人。你很懂得如何激發別人的情緒。對待朋友，你相當熱忱、友善、有趣，而且願意迎合他人。當你因為自信而感到安全時，你對他人的情感波動很能感同身受，善良的你更樂意幫助他人穩定情緒。

當性格健康度一般時，你天生好質疑、懷疑自我能力的性格，會讓你不得不向外尋找支援。你會花時間去建立某種人際關係，或是依附在某種體系下，只要對方能帶給你足夠的安全感。這個階段的你其實並

不獨立，但是也不想獨立。你的猶豫不決，並不是因為你的意志薄弱或毫無主見，你只是因為害怕失去支援，所以想依附在某種力量之下；但是，又害怕失去自我，所以內心強迫自己要獨立。就在這樣的反覆掙扎中，讓你沒有精力去學習相信自己。

當性格健康度嚴重下滑時，恐懼主導一切，你活在強烈的不安全感中。你會悔恨自己的衝動與不夠堅持。此時的你覺得事事都是危機，看不見自己的力量，因為你早已放棄了「靠自己」的念頭。你甚至想透過不斷的抱怨或示弱，引起他人善意的關懷或是協助。

【第七型性格　勇於嘗新者】

自我要求：我應該努力爭取我想要的東西。

心中執著：讓自己快樂是非常重要的事。

生命課題：貪心，學習劃清欲望與需要的界線。

你是懂得把握當下、多才多藝、喜歡參與各種新奇活動，卻不喜歡做細節規畫的人。樂觀、充滿活力與朝氣，你總能輕易地為聚會帶來歡樂的氣氛。你絕不會因受挫而長久待在陰暗的角落，積極的你，常常能在每個人生經驗中看到美好的一面，即使身處在逆境，也能以正向的心去面對。

當性格健康度一般時，你會馬不停蹄地想去體驗人生，或是挖掘更

多的可能性。你很努力地去吸取生活各層面的知識，追求感官的享受。你無法拒絕任何有趣的活動，這讓你原本有限的時間更加支離破碎，同時每一項活動都很難堅持下去，三分鐘熱度成為你專業養成的致命傷。你認為每一件事情都應該是好玩的，一旦發現不是如此，你馬上會失去興趣，轉頭離開。

當性格健康度嚴重下滑時，你會變得非常難感到滿足，再有趣的事情，很快就會變得索然無味。你寧願放縱自己，也不願意忍受一分鐘的焦慮。這時的你就像被父母寵壞的孩子，只要稍不順心便大發脾氣或是任性而為，只要你的焦慮能夠得到安撫，他人的感受你完全不在乎。

【第八型性格　天生領導者】

自我要求：要做就要做大事業。

心中執著：只要自己夠強、夠堅持，別人就會認輸。

生命課題：欲望，學習做人群的保護者。

你是充滿自信、果決、堅持己見，並不惜與現實或他人對抗的人。你勇於接受挑戰，並且樂在其中。完成別人無法完成的事情會帶給你無窮的滿足感與強壯感。當你覺得自主權受到威脅時，你會變得更自信、更強硬、更固執，以對抗外在環境。你不像其他性格類型的人會懷疑自己的能力，相反地，你有把握做好任何決心想做的事情，並且以自己想要的方式去進行。你克服的困難愈多，你的信心就愈強。

當性格健康度一般時，你會更想讓大家知道你的重要性。你喜歡扮演強者的角色，即使你的內心也有柔軟的一面。你認為這是一個自由競爭的世界，追求自身的利益是理所當然的事。所以，你很少講求合作精神，任何人只要對自己有貢獻，才有被重視的價值。你始終相信，不管遭遇何種狀況，堅持自己的想法是絕對必要的。

當性格健康度嚴重下滑時，周圍的人因為受不了你的獨裁，可能會群起反擊。而你會覺得大家都背叛了你，但是你又不能低頭認輸，此時你很可能會以更現實而且激烈的手段去反制。此時的你經不起任何的挑釁，脾氣火爆而且不可預測，凡事只想到以武力來解決。

【第九型性格　嚮往和平者】

自我要求：保持現狀就很美好了。

心中執著：不要破壞我目前的平靜生活。

生命課題：怠惰，學習積極地活出自己的人生。

你是包容性強、讓人覺得可靠、令人感到愉快，而且自得的人。你不僅脾氣好，也不會給人壓力或批評。心胸開闊、耐心佳、隨和、好相處的你，常常能讓身邊的人感到穩定和自在。由於天生愛好和平，讓你很適合當調停者。你不僅有安撫他人情緒的天賦，同時也能感同身受地瞭解他人的心情，體諒不同的觀點，並能找到衝突兩端的共同點，化解紛爭。

當性格健康度一般時，你開始專注在自己與他人的關係上。由於想避免與人衝突，你選擇放棄自己的立場，順應他人的想法。遇到棘手的狀況時，你很少願意花精神去思考，也不想操心擔憂，你總是這樣安慰自己：「算了吧！別再為這事煩惱了！」你將自己置於「安全範圍」，什麼也不去改變，以維護自己內心的平靜。

　　當性格健康度嚴重下滑時，沮喪與焦慮淹沒了原本安逸自得的你，但是，你還是不願意做任何改變，或努力去解決問題。相反地，你會對那些強迫你採取行動的人感到非常生氣。因此，你決定採取消極的抵抗，甚至寧願讓自己的生活或心靈保持空白，頑強地抵抗會打擾你內心平靜的一切事物。

你的人脈地圖

相信大家一定都有過類似的經驗，在你所認識的同學或朋友當中，你會發覺，跟某些人相處愉快，而跟某些人就是不對盤；還有一些人雖然不常聯絡，但是友誼卻能無形地維持下去，一旦聯絡上，很快就天南地北地閒話家常。

其實，和誰比較「合得來」，這與我們的性格息息相關。根據「The Enneagram——九型性格學」的理論，每一種性格之間，其實都隱藏著微妙的互動關係。該如何運用這股神祕的人際化學作用，正是這一本書的目的。

現在，請根據你的性格類型，看看哪幾種人與你的做事風格相合（你的搖錢樹）、處世態度相近（你的靠山）、彼此間有正面的磁場（你的桃花貴人），或是在個性上互補（你的生命教練）！

【第一型性格　理想崇高者】

自我要求很高的你，通常是朋友中講原則、重紀律的典範。你欣賞做事認真負責的伙伴，當別人不聽你的勸告時，你容易失去耐心，而且感到相當生氣。

$ 你的搖錢樹	第二型、第六型、第一型
▲ 你的靠山	第三型、第五型、第一型
* 你的桃花貴人	第八型、第九型、第一型
★ 你的生命教練	第七型、第四型、第一型

【第二型性格　古道熱腸者】

　　熱心助人的你，通常是朋友開口求救的對象。看到別人因為你的幫助而獲得快樂時，會讓你感到十分開心。而當別人不願意接受你的好意時，你容易因為被拒絕而感到生氣，並轉向第三者抱怨。

$ 你的搖錢樹	第一型、第六型、第二型
▲ 你的靠山	第七型、第九型、第二型
* 你的桃花貴人	第三型、第四型、第二型
★ 你的生命教練	第四型、第八型、第二型

【第三型性格　成功追求者】

　　對個人成就特別在意的你，通常是朋友中很有辦法的人。你十分注重形象，做事積極又有效率，最怕遇到公私不分或是無法專心工作的伙伴。

$ 你的搖錢樹	第七型、第八型、第三型
▲ 你的靠山	第一型、第五型、第三型
＊ 你的桃花貴人	第二型、第四型、第三型
★ 你的生命教練	第六型、第九型、第三型

【第四型性格　個人風格者】

對美感與品味很講究的你，通常是朋友中風格特殊的人。你欣賞有才氣的伙伴，對於那些不夠細心，甚至對生命缺乏感受力的人，你通常會敬而遠之。

$ 你的搖錢樹	第五型、第九型、第四型
▲ 你的靠山	第六型、第八型、第四型
＊ 你的桃花貴人	第二型、第三型、第四型
★ 你的生命教練	第一型、第二型、第四型

【第五型性格　博學多聞者】

喜歡觀察時事環境與人情冷暖的你，通常是朋友中很有自己見解的人。你喜歡探究事物的來龍去脈，最看不起那些只懂皮毛就自稱專家的吹牛者。

$ 你的搖錢樹	第四型、第九型、第五型
▲ 你的靠山	第一型、第三型、第五型
* 你的桃花貴人	第六型、第七型、第五型
★ 你的生命教練	第八型、第七型、第五型

【第六型性格　謹慎忠誠者】

十分重視責任與義務的你，通常是朋友中看起來比較靠得住的人。你希望隨時掌握自己安全無憂的處境，所以忍不住會懷疑別人的動機，或是找證據來支持你的猜測。

$ 你的搖錢樹	第一型、第二型、第六型
▲ 你的靠山	第四型、第八型、第六型
* 你的桃花貴人	第五型、第七型、第六型
★ 你的生命教練	第九型、第三型、第六型

【第七型性格　勇於嘗新者】

樂觀且精力充沛的你，通常是朋友中閒不下來的人。你對未來充滿了有趣的計畫，欣賞擁有夢想與衝勁的伙伴，最怕遇到動作慢或是整天愁眉不展的人。

$ 你的搖錢樹	第三型、第八型、第七型
▲ 你的靠山	第二型、第九型、第七型
* 你的桃花貴人	第五型、第六型、第七型
★ 你的生命教練	第五型、第一型、第七型

【第八型性格　天生挑戰者】

意志堅定而且強勢的你，通常是朋友中比較「恰北北」的人。你從不輕易放棄自己想要的東西，有任何不滿也會直接表態，最看不起個性軟弱無能的人。

$ 你的搖錢樹	第三型、第七型、第八型
▲ 你的靠山	第四型、第六型、第八型
* 你的桃花貴人	第九型、第一型、第八型
★ 你的生命教練	第二型、第五型、第八型

【第九型性格　嚮往和平者】

喜歡和諧氣氛的你，通常是朋友中比較好相處的人。你希望周圍都是一團和氣，所以寧願委屈自己的想法去遷就別人。但同時，又怕自己被忽視，所以有時候你對某些事情會出奇地堅持。

$ 你的搖錢樹	第四型、第五型、第九型
▲ 你的靠山	第二型、第七型、第九型
* 你的桃花貴人	第八型、第一型、第九型
★ 你的生命教練	第六型、第三型、第九型

他是哪一種朋友？

找到你的「人脈地圖」之後，接下來，我們要找出好朋友的性格密碼，這樣才知道可以把他「歸類」到哪一種人脈！

不過，想要精準地掌握好朋友的性格密碼並不容易，畢竟我們都不完全認識自己了，更何況是瞭解別人？唯一的方法只有觀察，不斷地觀察。

找出好朋友的性格類型

下面是依據「The Enneagram——九型性格學」，設計出的一個精簡的性格測驗。請以你對好朋友的基本印象來作答吧！

請由第一至第三組中選擇一個，與他的工作風格最接近的描述，再行檢視「在團體中，他是哪一種類型？」

第一組

自信、積極，企圖心旺盛，精力充沛，喜歡指揮別人，不畏懼挑戰，不介意體制外運作。對自己的能力有誇大的傾向，會主動爭取報酬或談條件。

在團體中，他是——

注重儀表包裝，不喜歡默默無聞或與人正面衝突，強調有效率與成功者的形象，是團體中的耀眼人物。（第三型性格）適應力強、重效率、有野心的一群

樂觀外向，點子多多，不喜歡刻板氣氛或受限制，容易衝動行事，勇於嘗試新鮮事物，在團體中的鋒頭最健。（第七型性格）才智過人、興趣廣泛、開朗自信的一群

or

直來直往，不怕挑起爭鬥，不喜歡軟弱，難免獨斷固執，喜歡劃清權力階級，是團體中的難纏分子。（第八型性格）追求權力、決斷力超強的一群

第二組

or

勤奮工作，奉公守法，嚴謹認真，注意細節，強調責任與義務。不喜歡主動邀功，但會忍不住抱怨，有好的表現才敢去談報酬。

在團體中，他是——

重原則與操守，不喜歡亂無章法，凡事強調正當性，堅持以正確的方法去做事與生活，是團體中的童子軍。（第一型性格）強調理性與秩序的一群

開朗活潑，不喜歡冷清，樂於助人，有時容易熱心過頭。能夠很快與人推心置腹，是團體中的啦啦隊長。（第二型性格）善做人際關係的一群

容易緊張，不喜歡突出。凡事想很多，遇事比較猶豫不決，希望能做好充分的應變準備，對團體很有向心力。（第六型性格）工作投入、謹慎小心、喜歡營造團隊氣氛的一群

第三組

or

行事低調，安靜內斂，不想被注意。看似合群，但大家並不真的知道他在做什麼。若是自己的努力沒被老闆注意，會暗自鬱卒或打算另謀明主。

在團體中，他是——

敏感浪漫，不喜歡沒有個人特色，希望透過美的事物來表達自己，是團體中真性情卻容易情緒失控的人。（第四型性格）追求自我表達、有藝術氣息的一群

不喜依賴別人。除非是他感興趣的話題，不然，他通常只是安靜地觀察大家的互動。能為團體帶來新觀點。（第五型性格）有洞察力、言論具煽動力的一群

不喜歡衝突緊張，嚮往與世無爭的生活，低調安靜，人緣不錯，是團體中大家傾吐心事的對象。（第九型性格）平易近人、配合度高的一群

人脈特搜速查表

　　現在，請根據你的與好朋友的性格類型，參考下面的表格，找出你們之間最適合發展的關係吧！

符號解釋

●：全方位的朋友，搖錢樹＋靠山＋桃花貴人＋生命教練。

＄：你的搖錢樹，與你的做事風格相合。

▲：你的靠山，與你的處世態度相近。

＊：你的桃花貴人，彼此之間有正面的磁場。

★：你的生命教練，你們在個性上互補。

？：神鬼交鋒。這種組合不是大崩盤，就是一路長紅。

你的性格類型 好朋友的性格類型	1	2	3	4	5	6	7	8	9
1	●	$	▲	★	▲	$	★	*	*
2	$	●	*	*★	?	$	▲	★	▲
3	▲	*	●	*	▲	★	$	$	★
4	★	*★	*	●	$	▲	?	▲	$
5	▲	?	▲	$	●	*	*★	★	$
6	$	$	★	▲	*	●	*	▲	★
7	★	▲	$	?	*★	*	●	$	▲
8	*	★	$	▲	★	▲	$	●	*
9	*	▲	★	$	$	★	▲	*	●

Part 2
誰是你的搖錢樹
找對伙伴．事半功倍

第一型 理想崇高者

【像這樣的人】每個人應該要各自做好分內的工作

求好心切的他，常抱持著「恨鐵不成鋼」的心態去對待周圍的人，希望工作伙伴都能像他一樣優秀而且認真。偏偏在他的眼裡，只有他自己最靠得住，大部分的人都是不負責任、不求完美的投機分子，或是頭腦不清楚、做事馬虎的平庸之材。因此，他若主動找你合作，表示在他心中對你的評價是相當不錯的，甚至超乎你預期的好。不然，第一型人通常不會輕易把工作或責任分擔出去。

他對事情要求的標準相當高，因此，他做事仔細小心，不喜歡破壞規定，最好有一個既定的標準讓他可以遵循。這樣，既能保證不出錯，嚴格管控下的品質也有一定的水準。

他不是一個有耐心的人，對事情非常好批評，甚至連芝麻綠豆大的小事，也有改善的空間與必要。只是，好為人師的他，有時難免給人「撈過界」的感覺，別人可能比他還專業，根本不需要他給予意見。其實，他並非完全想炫耀自己的能力，他只是希望「撥亂反正」，幫助你改掉「不正確」的想法或行為罷了。

如果你要與他合作，你得做好隨時接受他建議的準備，因為他真的很會挑毛病，但是，這並不代表他也有度量接受批評，他通常不太能接

受別人的意見。他擅長訂立規範與建構組織大綱，非常適合新公司在草創時期需要的縝密而考量完備的架構工作。

他不是一個有彈性的人，需要花點時間去引導他的觀念。所以，盡量不要擅改你們原訂的計畫，即使你有更好的想法，也請以和緩的方式讓他明瞭。

【如何獲得他的信任】給他一個正當且精確的目標

他是一個重理性勝於感情的人，也是一個重操守勝於手段的人。潛意識裡，他會以你的品行或是過去的行為來評斷你的能力。所以，盡量表現出各項傳統美德，這是贏得第一型人好感的第一步。守時守諾、愛家愛國、腳踏實地、不走偏鋒、穿著得體合宜、懂得嚴守個人分際、不破壞規定、不做無謂的人際交流……等，都是他看重的德行。

他總是以「幫助你更好」的出發點給別人許多意見，但是他從不承認自己愛批評。他動不動就想說教，更推崇「勇於認錯」是最基本的美德。所以，你要有承認錯誤的勇氣，並且有改過向善的決心，因為任何出錯之後的解釋，在主觀意識非常強的第一型人眼中，都是狡辯。

他的目光精準，通常能夠一眼挑出計畫中需要改進的地方，同時，也很擅長抓出計畫的大方向，為合作立下明確的目標。所以，與他合作，只要時間充裕，你大可以放心地把計畫案交給他仔細評估。當然，如果你想贏得他的信任，你的計畫案最好在細節的考慮上要特別用心，任何對策都應該仔細說明清楚，尤其是責任的劃分更要明確，他最不喜

歡的就是不清不楚。即使你提出的做法可能稍嫌保守，但是他會尊重那些做事謹慎小心的伙伴。

只要能讓他感受到計畫本身的「公正性」，他會為了一個可以改善大眾生活或社會環境的理想奮鬥，他會不眠不休地全身投入工作，是一位自動自發，而且往往多做了許多事情的好伙伴。

【他可能發生的狀況】在小地方吹毛求疵而忽略大局

希望事事做好、做對的他，無法容忍為了速度而犧牲品質；寧願揹上延遲的罪名或是重新來過，也不願意自己的作品有讓別人挑剔的機會。所以，身為他的合夥人，你要小心掌握進度，最好在每一個程序上都安排出額外的時間，讓第一型人有機會去修正；或者，乾脆不要讓他負責細節過多的任務，不然，他很可能會在小地方求精確完美而拖延了整個進度。

強調公平正義的他，往往會太過度堅持一切「正確合法」，造成了莫須有的阻礙或更大的損失。我們在電影中常常可以看到類似的情節，有些好人為了堅持心中的正義，反而害慘了身邊一堆人。第一型人自認為是世界上碩果僅存的「聖人」，也是九種性格類型中最想要改變別人的人。

當他想「改進一切不美好」的毛病又犯時，不妨提醒他，發現錯誤本身是一件好事，但是，當太過執著於這件事情時，反而會把自己侷限在一角，看不清整個大環境或更迫切需要努力的工作。

此外，當他長期承受壓力或壓抑憤怒太久時，他有可能會變得愈來愈情緒化，以往的冷靜與理性會被嘮叨與指責所取代。向來充滿行動力與熱情的他，變得灰暗絕望，甚至怨天尤人。

根據「九型性格學」的理論，當原本相當壓抑內斂的第一型人，開始像性格不健康的第四型人一樣，自以為是受害者，並且明顯表現出個人的喜惡時，表示他正面臨一個性格的轉捩點。他有可能因為憤恨的情緒得到適當的發洩，而恢復以往的性格；也很有可能變得更孤僻頑固，更自以為是。

第二型 古道熱腸者

【像這樣的人】每個人都有需要幫助的地方

熱心服務的他，常抱持著「我來幫你想想辦法」的心態去對待周圍的人，希望工作伙伴都能對他坦誠說出需要與困難，這樣他才知道如何幫助整個團隊達成目標。只是，第二型人在伸出援手的同時，他是期待回報的，他希望大家懂得「做人情」的道理，受了別人的好處就應該適時回饋。因此，當他特別討好你時，表示他正想將你拉進他內心的計畫當中，不然，第二型人需要「培養感情」的對象太多了，他不會花心力在對他不重要的人身上。

他是一個「人性化」導向的伙伴，因此，他看事情的角度常常以「讓別人覺得舒服滿意」為出發點。他總是能親切地叫出每一個人的名字，最不喜歡缺乏人情味的工作環境，常常與伙伴交換意見是他熱衷的辦公室活動。

他自認是一個感性的人，因為每當聽到有誰遭遇到困難，他就忍不住想去幫忙，甚至為了別人的不幸而落淚。只是，樂於助人的他，有時難免給人「管太多」的感覺，別人不見得希望他介入，許多小事情根本不需要他插手。其實，第二型人只是希望被你需要，想藉著關心你來拉近彼此的距離罷了。當然，如果你能被他影響，那更好！

如果你要與他合作，你得做好與他成為「密友」的準備，因為他

會忍不住想探聽你的私人生活，當然你也會常常聽到他的抱怨，不過你的感受才是他關心的重點。然而，他擅長與別人建立具親密感的友誼，如果你對公關不太在行，或是你們的合作內容需要「像媽媽一般親切細心」的客戶服務，那麼第二型人絕對是最佳人選。

他不是一個習慣邏輯推理的人，甚至他很少用心思考。所以，盡量不要以理論或是數據來呈現你的想法，最好以感性或是能引起情緒反應的方式，與他面對面溝通。

【如何獲得他的信任】讓他看到他對你的影響力

他是一個重人情勝於理法的人，也是一個重情感回饋勝於實質報酬的人。潛意識裡，他會以對你的好感來評斷是否要與你合作，所以，請盡量表現出慷慨善良而且好相處的一面，並且讓他感受到，他是你非常倚重的人才或權威，只有他最瞭解你的需要。

只要他認定你是一位「明日之星」，或是對你的理想非常推崇，他就會心甘情願地為你在幕後打點一切。第二型人對權力其實是渴望的，只是他喜歡以迂迴的方式使用權力。他通常以成為權力人物身邊的幕僚人士為榮，任何人想接近老闆都得先經過他的安排，甚至連老闆都會私下向他詢問意見。

他對別人的需要十分敏感，通常能夠一眼看透別人目前的窘境。他也很擅長激勵他人，讓團隊中的成員都能夠對自己產生信心，進而發揮最大的潛力。所以，與他合作時，只要你能容忍他喜歡在工作中與同

事交誼的習慣（事實上，他認為他是為了工作），你大可以安心地把人際管理與公共關係全權交給他負責。當然，如果你想贏得他的信任，千萬不能把他的付出視為理所當然！你最好常常慷慨地對他表示讚美或是感謝。第二型人也許不習慣成為別人關心的焦點，但是，他內心渴望的是：「你應該也會懂得我的需要，就像我都懂得你一樣！」對第二型人來說，發自真心的感謝才能打動他易感的心。

只要能讓他感受到他是一個不可或缺的人物，並且不時說出你對他的感謝與欣賞，那麼，他會做牛做馬地為公司打算，而且往往在不知不覺中，幫你打點好許多事情。

【他可能發生的狀況】馬屁文化的始作俑者

處處以人為考量的他，無法忍受不近人情的規定，寧願忽視規定或是到處關說以爭取「法外開恩」，也不願意看到別人成為不公平體制下的受害者。所以，身為他的合夥人，你最好要維持公司的「法治」，畢竟為了管理多數人，適當的規則與約束是必要的。不然，第二型人的「人情策略」很容易樹立小團體，造成公司內部的分裂。

希望與重要人物建立起友好關係的他，會想盡辦法滿足對方的需要，藉此以博取歡心，就算被同事譏為馬屁精，也不會感到不好意思。第二型人自認為是大家的守護天使，也是九種性格類型中最想要控制別人的人。

當他「凡事以人為主」的毛病又犯時，不妨提醒他，不要完全將注

意力放在人的身上，而模糊工作或問題本身的焦點。替別人考慮是一件好事，但是有時候也是阻礙工作進度的一大原因。

此外，當他長期承受壓力，或屢屢得不到別人的支持時，他有可能會變得愈來愈冷酷，以往的溫暖與體貼，被專橫與無禮所取代。向來喜歡委婉要求別人的他，會變得尖銳直接，甚至粗暴地命令他人做事。

　　根據「九型性格學」理論，當原本友善樂觀的第二型人，開始像性格不健康的第八型人一樣，自認為是不公平下的受迫害者，並且開始表現出攻擊性時，表示他正面臨一個性格的轉捩點。他有可能因為不甘心的情緒得到適當的發洩，而恢復以往的性格；也很有可能變得更自私自利、更濫用權力。

第三型 成功追求者

【像這樣的人】每個人都可以像我一樣發光發熱

充滿企圖心的他，常以「快一點、再快一點」的要求去催促周圍的人，希望工作伙伴都能和他一樣表現出「苦幹實幹」的衝勁，這樣他才能儘早完成工作，繼續往下一個目標邁進。他十分擅長激勵人心，尤其懂得掌握每一個人的工作動機，然後富麗堂皇地描繪美好的遠景，讓大家心甘情願地卯足全力為成功而打拚。他本身就是一個最佳實例，因為很少人能像第三型人那樣「樂在工作」！他深知「想要怎麼收穫，得先怎麼栽」的道理，成功的代價在他心中早有算盤。

「不管是白貓、黑貓，只要會抓老鼠的就是好貓！」這是第三型人價值判斷的標準，他絕對是自信而現實的，一切以「實用有效」為最高原則。因此，他的用人標準是「唯才適用」，必要時會毫不留情的解除合作關係。此外，他傾向以對方的情緒表現來評斷其能力。如果對方表現出猶豫不決、軟弱等負面的特質，第三型人往往會先將對方的專業能力打折扣。

他向來以自己的專業能力或事業表現為榮，最討厭聽到有人不認同他的成就，最害怕遇到會影響他個人表現的人與事。當有一項大任務等他完成時，他會沒日沒夜地全心投入工作，無暇顧及身邊其他事務，也因此，第三型人的家庭關係常常不如事業上表現得那麼令人滿意。

如果你要與他合作，你最好將目標、進度、計畫、回饋……等清楚地列出來。看起來相當誠懇的他，其實非常精明；他很少打沒把握的仗，因為萬一輸了，他擔心別人會對他的能力產生懷疑，甚至影響他在專業領域中的地位。

他不是一個習慣面對情感剖析的人，甚至可以說，第三型人很少運用深度的感受力。所以，盡量不要以感性或哭訴的方式和他溝通，最好以「解決問題為前提」的態度，邀請他一起討論出有效的化解辦法。找出一個最快、最有效的方法，會讓第三型人覺得非常有成就感！

【如何獲得他的信任】別讓自己看起來像一個蠢蛋

他是一個重效率勝於方法的人，也是一個重成果勝於過程的人。潛意識裡，他會以你的反應快慢與自信多寡，來判斷是否要與你合作。所以，聰明機靈和手腳俐落，是爭取凡事講求速度的第三型人好感的第一個要件！

他總是將自己調整到「最佳狀態」：看起來活力充沛、精神抖擻、效率奇高無比，一副屢創銷售佳績的成功者姿態！因此，想要獲得他的認同，你也應該具備上述的條件。除了具備專業優勢，你最好不要有太多的情緒問題。即使他平日給你的感覺相當友善而體貼，但是若把「人性考量」與「漂亮地完成任務」分別放在天平的兩端，他最後還是會把人情放一邊，板著臉孔公事公辦。別忘了，「成就」才是他最最在意的事情。

儘管第三型人很專注在自我的成就上，但是他不是喜歡單打獨鬥的人，他特別喜歡凝聚團隊的共識與力量，為團隊訂下可行的計畫和明確的目標，然後一鼓作氣地帶領大家向前衝。不過，他的好勝心常常讓他衝得太快太急，有時候會讓周圍的人感覺被比下去，甚至有被當砲灰的埋怨。

　　所以，與他合作，只要你能容忍他處處想占上風的毛病，你大可以安心地跟著他的腳步開拓事業的疆土，因為他絕對會衝在你的前面。當然，如果你想贏得他的信任，你最好也和他一樣，懂得運用身邊一切有利的資源。

　　只要能讓他感受到獎賞已經唾手可得，同時大家都對他的表現表示欣賞，那麼，他會奮力地朝目標衝刺，他是一位對工作充滿熱忱，能夠將公司的理想貫徹實現的好伙伴。

【他可能發生的狀況】太想要成功

　　震驚世界的韓國科學家黃禹錫捏造幹細胞的醜聞，真切地反應了第三型人太想要快一點成功的特質。近代的韓國文化就是一個典型的三號社會，整個國家都專注在「追求世界第一」的美夢當中：老闆要求員工超時工作以提高效率，父母要求小孩樣樣拿第一名，大眾要求政府拿出最快、最有效的辦法……當成功凌駕其他的價值成為唯一的標準時，第三型人最大的負面特質——欺騙，便會浮上檯面。

　　此外，第三型人「表裡不一」的情形，也會隨著利害關係的提升而

更加明顯。也許，他根本不贊成某一個方法，但是礙於現實狀況或是利益關係，他會隱忍著內心真正的想法，轉而大力鼓吹那一個他根本不認同的方式。這會讓不瞭解他三號性格的人感到疑惑，同時也會覺得第三型人「很假」。其實，第三型人擅長察言觀色，「識時務者為俊傑」就是懂得變通的第三型人的寫照。

第三型人不習慣面對自己可能會失敗的疑慮，也不太會長期沉浸在負面的情緒當中。當他被質疑時，表面上他很可能會嚴詞駁斥，仍舊表現出鎮定且信心滿滿的模樣，但實際上，他內心已經忍不住開始焦慮，只是為了顧全形象，你很難從他身上聞到一絲緊張焦躁的氣息。所以，身為他的合夥人，當你們的事業出現問題時，你得小心觀察，在他冷靜的外表下，是否透露了哪些不安。而不喜歡被痛苦氣氛籠罩的他，通常不會愁眉深鎖太久，他寧願好好娛樂自己一番，或是趕緊做點什麼事來彌補，而不是枯坐愁城。

然而，當他長期承受壓力或過度工作時，他有可能會一下子失去拚命的動力，以往的專注與積極，被迷茫與閒散所取代；向來喜歡衝鋒陷陣的他，變得躲藏推諉，甚至毫無生產力可言。

根據「九型性格學」理論，當原本自信果決的第三型人，開始像性格不健康的第九型人一樣，自認是別人能力不足的犧牲品，並且開始出現自暴自棄的行為時，表示他正面臨一個性格的轉捩點。他有可能因為巨大的工作壓力得到適當的發洩，而恢復以往的性格；也很有可能變得更麻木失焦，迷失在枝微末節當中。

第四型　個人風格者

【像這樣的人】每個人都說了自己想說的嗎？

對情緒異常敏感的他，常抱持著「想挖掘更深層心理訊息」的心態去對待周圍的人，希望工作伙伴都能真誠地打開心房，大膽且明白地陳述自己的想法，這樣他會感到比較安心，也比較能夠客觀地幫助迷失的伙伴們找到努力的方向。

第四型人在還沒有釐清自己的情緒以前，他是無法向前走的。因此，他認為其他人也同樣會被情緒所困擾。事實上，除了第六型人能夠理解第四型人紛擾不安的情緒之外，其他性格類型的人通常都會覺得第四型人「反應過度」了。

他是一個「不想和別人一樣」的伙伴，第四型人最討厭被定型。他看事情的角度常常以「少了什麼」為出發點。再美好的事物，在他眼裡都有缺陷，甚至是他自己也一樣不夠完美。他對身處困境的人通常特別支持，有時候更會憑著一股傻勁，義無反顧地幫助那些已經無法翻身的問題人物。

他是團體中的邊緣人物，有時候向心力十足，有時候又離群獨立。他喜歡朦朧的美感，特別瞭解「該隱藏的事情就不該被說出來」的道理。其實，不僅別人猜不透他的心思，就連他自己也被眾多的情緒攪得

心神不寧。心情，是他做事的指標，今天有沒有生產力，全看他的心情如何。

如果你要與他合作，你得做好承受他百變情緒的準備。對他來說，你能接受他的情緒，代表你能夠瞭解他。他最在乎的是他的感受，至於你的感受、你們的合作……等都是第二順位。然而，他對美麗事物的敏銳度以及對創意和獨特性的堅持，非常適合需要走高級精緻路線的產業。如果你願意不惜代價地塑造獨一無二的品味，或是你們的合作內容需要培養「一對一」的頂級客戶，那麼第四型人絕對是最佳人選。

他是一個崇尚自由與真誠的靈魂，「不按牌理出牌」反而更能引發他的興趣與欣賞。所以，盡量不要以條列式或公式化的說明來呈現你的想法，最好以有創意或是能讓他強烈感受到被重視的方式來和他溝通。

【如何獲得他的信任】展現你百分百的真誠

他是一個重感覺勝於規範的人，也是一個重自我實現勝於世俗價值的人。潛意識裡，他會以你的品味或品格來評斷是否與你合作。所以，請盡量表現出有質感且值得尊敬的一面，並讓他享有特殊的禮遇，這會讓他心花怒放，對你的滿意度也會大幅提升。

敏感的他是一個很容易受傷的人，事實上，這可以說是情感豐富的第四型人無法擺脫的宿命。喜歡和別人討論情緒問題的他，習慣圍著自己的感受打轉，問題是別人不見得也有興趣探討。因此，當別人無情地打斷第四型人的心聲，甚至暗示第四型人太敏感了，這會讓第四型人覺

得被拒絕而特別受傷。所以，要想贏得他的好感，首先你得學習和他一起挖掘內心的聲音，至少你要有耐心聽他傾吐。

「真誠」是打動第四型人最有效的方式，而這也是他要求自己力行的特質。因為只有當他能誠實地堅持自己的想法，他才能找到自己與眾不同的地方。此外，第四型人不喜歡被誤解，所以他會仔細地斟酌發出去的訊息，不管是藉由言語或是行動，他都希望對方能無誤地接收到他的本意。所以，當你覺得不太清楚第四型人的意思時，不妨坦誠地將你理解到的意思對他說一遍，看看是否合乎他的本意。這樣，一方面讓他感到被重視，一方面也可以避免不必要的誤會。因為，第四型人很喜歡去推敲「表面下的含意」。

只要能讓他感受到你認同他的感覺，並且做他情緒來臨時的後盾，那麼，他會發揮最人的熱情與創意，不僅能激發你對生命的熱忱，同時也將會有出乎你預期的優異表現。

【他可能發生的狀況】寧為玉碎，不為瓦全

真性情的他，無法忍受低俗的品味，或是違背他價值觀的行徑。他寧願毀滅作品，或是為保持理念而犧牲公司利益，也不願意討好別人，或看到自己的理想被糟蹋。所以，身為他的合夥人，你不僅要懂得控制營運成本，也要懂得他不時得發發情緒的需要，在他無法工作的時候，你要能夠一肩扛起重擔。不然，第四型人的「跟著感覺走」，很容易延誤進度或是得罪客戶。

希望自己從事的工作有獨特性的他，會想盡辦法優雅地凸顯自己，就算與現實背道而馳也不會感到不自在。第四型人習慣把焦點放在「我、我的」，和別人談話的主題總是又會回到自己的經驗，他也是九種性格類型中最自我迷戀的人。

當他又陷入「強調熱情與直覺」的狂熱中，而與現實狀況產生衝突時，你最好不要嘗試去改變他的標準或是風格，因為那會讓他自以為看清你而看輕你，一旦這個壞印象建立後，第四型人將很難抹去對你的輕蔑。比較好的方式是幫助他拉大視野，誠實地告訴他實際的狀況，強調你們在現實與預算的限制下，創意發揮也因此受限，但是你願意盡量支持他，請他幫助公司度過這個難關。第四型人對「力挽狂瀾」有著特殊的情感，他常常能帶領瀕臨倒閉的公司做出漂亮的最後一擊。

此外，當他長期承受壓力，或是自覺受到脅迫而不得不向現實妥協時，他有可能會變得愈來愈想得到別人的注意與關心，以往的孤芳自賞與驕傲矜持，被諂媚與阿諛所取代。向來喜歡關注自己的他，開始把注意力轉移到別人身上，同時內心鬱悶地覺得自己被欺壓。

根據「九型性格學」的理論，當原本深具個人特色的第四型人，開始像性格不健康的第二型人一般，過度討好別人，並且開始出現想要操縱別人的欲望時，表示他正面臨一個性格的轉捩點。他有可能因為自憐的情緒得到適當的發洩，而恢復以往的性格；也很有可能變得更放任不講理，並強迫周圍的人來愛他。

博學多聞者

【像這樣的人】每個人應該可以獨力完成工作吧？

對個人空間與資源特別敏感的他，常抱持著「盡量不麻煩別人」的心態去對待周圍的人，希望工作伙伴都能和他一樣，能夠自給自足地去完成一切事物，這樣他的工作進度既不會受別人影響，也不必擔心該如何與他人配合或溝通協調。當第五型人能夠安靜地在屬於他的辦公角落裡工作時，他的效率通常會大幅提升。

第五型人通常不會有太多的面部表情或肢體語言，那是因為他常常過度思考，以致於忽略了對外界的反應。儘管他有時候看起來好像心不在焉，可是一旦專心起來，他很容易就與周遭的時空脫序，一頭栽進他感興趣的世界裡。他通常給別人冷淡的感覺，不過這並不代表第五型人對周遭的事物漠不關心，相反地，他非常喜歡從他的角落裡觀察這個世界，偶爾探出頭來跟大家互動一番。

他很擅長做規畫，因為突發狀況常常會讓他思考「當機」。他寧願事先演練好一切的情況，肯定自己能夠處理所有的局面，不然他通常會卡在某一個待解決的問題上，而無法按進度前進。他是需要時間思考與反應的人，最好在事情發生後，給他時間省思或沉澱，這樣他比較容易做出決定。

如果你要與他合作，你得做好接受他「隱士風格」的準備，也就是你可能不太容易找到他，也有可能他向來不會主動披露心中的想法，而是需要你適當的引導。所以，找到合適的溝通管道與方式，將是你們合作順暢的一個重要關鍵。然而，他對蒐集管理資訊的狂熱和天分，與喜歡找出細微事物的觀察力，非常適合需要隨時掌握新知或是創新概念的產業。如果你想投身知識產業，或是你們的合作內容需要深度的專業知識，那麼第五型人絕對是最佳人選。

【如何獲得他的信任】說你的專業，其餘省略

他是一個重實質勝於感受的人，也是一個重精神層面勝於物質享受的人。第五型人通常很愛護資源不願浪費，對人待己都很節儉，有時甚至給人一種小氣的感覺。他寧願花錢豐富心靈，也不願虛擲財富追逐流行。潛意識裡，他會以你的專業能力或誠信聲譽來考慮是否與你合作。所以，請盡量表現出你的強項，對於你不懂的事情最好沉默是金。同時，讓他有機會就他的專業好好發表高論，投其所好，這會讓他覺得如遇知音，對你的滿意度也會大幅提升。

他給人的感覺通常有點冷漠，不主動和人親近，那是因為第五型人很敏感而且非常注重隱私。他喜歡捕捉別人一句話或一個小動作中透露的訊息，只是他不將感受表現出來罷了。一旦受傷，他通常會記得很久。所以，要想贏得他的好感，首先你得學會和他保持適當的距離，不管是無形的或是有形的。

「尊重」是打動第五型人最有效的方式，而這也是他要求自己力行的特質。因為，他認為這是保有彼此領域不被侵犯的第一要件。第五型人不喜歡突如其來的打擾，所以如果你想約他見面，最好讓他決定時間與地點，並事先把會談的內容或是你的想法告知他，然後給他幾天時間思考。這樣，他不僅可以有所準備地赴會，更會感謝你的體貼與細心。

第五型人對別人的需求其實非常敏感，所以不要表現得太過熱忱，或迫切地想得到他的回應，這會讓他退避三舍。第五型人很害怕被說服去做自己不想做的事情，因此當你嘗試以感性的訴求去陳述你的想法時，多慮的他反而會傾向先拒絕。

【他可能發生的狀況】不知道他在想什麼

除非是談到他喜歡的事物，不然不喜歡社交的他，向來不太多話。他寧願一個人默默完成工作，也不想花時間向別人解釋或溝通。他喜歡消失一陣子，然後帶著完成的工作出現。遇到挫折時，他通常會選擇沉默或是轉身離開。所以，身為他的合夥人，你必須擔任「溝通橋樑」的角色，不僅要弄清楚他的心意，同時也要能夠明白地轉達給其他的同仁或是客戶，必要的時候，你還得兼顧安撫人心的工作，因為第五型人並不擅長「搏感情」這一套。

他自認是個聰明的人，也認為別人應該和他一樣，喜歡自己解決問題，所以他向來不太干涉別人做事的方式。只是，他對別人的過度尊重，有時候反而造成別人摸不清楚他心裡的標準或要求。甚至，由於第

五型人過分珍惜本身的資源，因此他不輕易將自己擁有的資訊放手給別人，或是根本不想浪費時間做清楚的指示。對第五型人來說，個人的知識、時間和精力就是力量，是他安身立命的依靠。

既然他不習慣凡事都攤在陽光下說清楚，也不喜歡費心與人周旋，你對他最好保持率直、精準和適當的態度，最重要的是，建立起你們之間的互信默契。不要拿情緒和期待去為難他，那只會讓他不知所措。比較好的方式是鼓勵他將自己的想法、點子或立場具體化。畢竟，沒有行動的理想只是空談，而空談無法轉化成實際的利益，公司也將無以為繼。

當第五型人長期承受壓力，或是自覺主權可能受到侵犯時，他有可能會變得愈來愈衝動魯莽，以往的縝密思緒與沉默內斂，被無厘頭與自大吹噓所取代。向來喜歡觀察細節的他，開始忽略眼前的情況，同時，內心的不安讓他變得焦躁，而且不再掩飾起伏的情緒。

根據「九型性格學」的理論，當原本專心一致的第五型人，開始像性格不健康的第七型人一般失去耐心，並且開始以言語，甚至講出歪理攻擊別人時，表示他正面臨一個性格的轉捩點。他有可能因為焦慮的情緒得到適當的發洩，而恢復以往的性格；也很有可能變得更玩世不恭，並強迫周圍的人來認同他的觀點。

第六型 謹慎忠誠者

【像這樣的人】每個人真的都說了自己想說的嗎？

對潛在問題與他人意圖特別敏感的他，常抱持著「我能不能信任你？」的心態去對待周圍的人，希望工作伙伴都能和他一樣，願意坦誠自己的想法（其實，第六型人常常隱瞞自己對別人真正的觀感），並且把團體的事物放在第一位，這樣他才能夠把大部分的心思放在工作上，少花點時間去懷疑伙伴的心意或能力。當第六型人覺得和伙伴們同舟共濟時，常常能激發他願意承擔責任並奮力一搏的潛力。

第六型人常常面露憂愁或情緒焦慮，因為他得考慮的因素太多了。外人總認為第六型人太過悲觀，但是，如果你能瞭解第六型人很可能從小就曾被生命中重要的人背信或出賣，你也就不會忍心苛責他了。也許只是長輩或親人的一個捉弄，卻造成第六型人從此不再輕易相信任何人，或是相信會有幸運的事情發生在他的身上。

正因為懷疑的天性，所以第六型人常常在做了決定之後，又拚命去找這個決定可能產生的缺點或漏洞。原本只是想預防問題發生，但到最後，往往因為預想的狀況多到讓他害怕會失敗，造成他不得不回過頭去考慮別的選擇。因此，第六型人常給人反覆不定的感覺，其實這是因為他考慮了太多枝微末節或是根本不會發生的因素。

如果你要與他合作，你得做好接受他「反覆質疑」的準備，他絕對

會提出一大堆你可能根本想都沒想過的狀況，然後徵詢你的意見，或是擔心到想中途退出。所以，不斷地提供第六型人正面的期待與保證，將是讓你們的合作能夠專心往前的一個重要關鍵。然而，他的負面思考能力與擅於找出隱形問題的天分是不容小覷的，非常適合需要縝密地建立客服資料，或是精密籌畫、計算風險等產業。如果，你們的合作內容需要豐富的細節規畫，或是大量的情報蒐集與分析，那麼，第六型人絕對是最佳人選。

【如何獲得他的信任】報憂不報喜

　　他是一個重團隊勝於個人表現的人，也是一個重「實際運作」或「隱藏的真理」勝於表面現象的人。第六型人通常喜歡挖掘內幕消息，分析別人真正的動機，有時難免給人一種神經質的感覺。他寧願事先做好充分的準備，也不願意在最後關頭緊張萬分。潛意識裡，他會以你危機意識的強弱或言行是否一致來考慮要不要與你合作。所以，請盡量表現你發現問題與解決問題的能力，不要表現得太樂觀或是過於自信，沉著與可靠才是重點。同時，平易近人的第六型人期待溫暖的友情，在洽公之餘，別忘了貼心誠懇的問候，這會讓他把你放在自己的這一國。

　　他給人的感覺，通常是悲觀但會以自嘲的方式搏君一笑，友善但是防禦心也很高。他是標準的「伸手不打笑臉人」，如果你的態度和緩，他通常也不會對你大嗓門，除非你真的惹火他；而如果你一開始就給他臉色看，保證他馬上也會還以顏色。所以，要想贏得他的好感，首先你

得先和他一樣，臉上掛滿誠懇且不具攻擊性的微笑。

「可靠」是打動第六型人最有效的方式，而這也是他要求自己力行的特質。因為，他認為這是友好結盟的第一要件。此外，第六型人對權威很敏感，害怕成為上位者濫用權力的受害者，所以，最好不要以專制的口吻命令他做事，那很容易招致他對你採取對立且不信任的立場。

第六型人對別人的內心企圖，其實有著強烈的直覺，所以，還是老實地承認你的人性弱點吧！對第六型人來說，他能理解人是有私心的，絕不相信你會是一個聖人。

【他可能發生的狀況】裹足不前或是盲目行動

除非是一位性格趨向陽光面的第六型人，不然，一般第六型人常常在「要，還是不要」的選擇困境中掙扎。他喜歡藉由分析來決定事情，但是，所有事物都是一體兩面，甚至多面，也因此造成他常常徘徊在各種優缺點的考量之間而難以取捨。不過，你千萬不可以剝奪他思考的機會，因為那不僅會讓他覺得受到壓迫而起身反抗，他也會因為你將他置於沒有仔細分析的失敗風險中而焦躁發怒。所以，當你需要一個第六型人做出決定時，不妨讓他多考慮看看，盡量不要強迫他，更要避免以權威壓制他。

第六型人喜歡從容地面對重要場合，因此他總是仔細地計畫一切，並且小心翼翼地盤算每一種可能的突發狀況。他看事情總是先設想到最壞的情況，然後苦思該如何應付。只可惜，最壞情況發生的機率往往並

不高，卻讓第六型人耗費了絕大的精力，忽略了真正該注意的事物。所以，身為他的合夥人，你必須肩負起「燈塔」的角色，幫助他看見全景與大方向，而不是侷限在擔心別人能不能完成工作、印表機墨水可能臨時缺貨……等這種雞毛蒜皮的小事。

許多第六型人並不喜歡當領導者，追根究柢，往往是因為他害怕承擔責任或受指責。所以，他盡量展現親和的一面，企圖減輕屬下對他的敵意（其實，第六型人本身對自己的上司是抱持著敵意或懷疑的）；他喜歡在口頭上稱讚部屬，但是又對部屬的表現特別嚴苛，以避免自己得承擔部屬的過失。對容易忽略自我力量的第六型人來說，並不擅長展現領導者的權威，他有可能表現得像一位不講理的軍閥，不容許有不同的聲音存在；不然，就是和屬下站在同一陣線，抵抗高層。

此外，當第六型人長期承受壓力，或是自覺可能會受到批判時，他有可能會變得愈來愈現實而且不擇手段，以往的反覆思索與小心謹慎，被強調速度與結果所取代；向來強調團隊合作的他，開始失去同理心與親和力。同時，內心的不安讓他變得易怒無禮，但是過一會兒，他又會為自己的情緒傷人而懊惱。

根據「九型性格學」的理論，當原本考慮再三、強調真誠的第六型人，開始像性格不健康的第三型人一樣為達目的不顧一切時，表示他正面臨一個性格的轉捩點。他有可能因為怕失去別人信賴的不安全感得到適當的發洩，而恢復以往的性格；也很有可能變得更衝動且虛偽，並將責任推給周圍的人以保護自己。

第七型　勇於嘗新者

【像這樣的人】並不是每個人都像我這樣聰明

對新鮮事物特別有興趣的他，常抱持著「讓我們一起去冒險」的心態對待周圍的人，希望工作伙伴都能和他一樣，有勇氣與活力去嘗試不同的事物，並且懂得把握當下、享受人生，因為他最怕和無趣或反應慢的人一起工作。當第七型人感受到和諧愉快的團隊氣氛時，他的點子會更源源不絕，渾身充滿衝勁。

你很少看到第七型人面露愁容，即使遇到麻煩事，他通常也會以幽默的心態看待。因為，第七型人會潛意識地逃避痛苦，凡是會引發無力感的事情，他一概不碰。許多第七型人在孩童時期，可能就已經認清世界並不美好，相較於第八型人決定好好保護自己不受欺負，第七型人選擇轉過身去，盡量尋找能讓自己快樂的事物，以麻痺痛苦神經。

正因為不喜歡面對痛苦的天性，第七型人常常會想辦法避免麻煩、承諾，甚至是責任，因為這些都會帶來壓力，剝奪他的自由與快樂。為了不受旁人的拖累，第七型人特別會為自己盤算，為了獲得更大更多的快樂，第七型人努力尋找各種機會，他喜歡手上同時握有不同的選擇。當一條路走不通時，他會馬上改選另一條路，而不是想辦法克服困難。

如果你要與他合作，你得做好接受他「三分鐘熱度」的準備。這並不是說他沒有誠意與你合作，而是吸引他的事物太多了，所以，平均下

來，每一件事物他能夠投入的時間相對變得很少。因此，及時拉住第七型人（不妨提出最後期限來嚇嚇他），快速榨取他的創意，然後由你負責去執行，這將是與他合作愉快的一個常見模式。然而，他的規畫能力與機智反應是值得倚重的，非常適合為團隊開創新視野，或是開發新商機。如果，你們的合作內容需要不斷創新的商品線，或是新聞性高的宣傳手法，那麼第七型人絕對是最佳人選。

【如何獲得他的信任】挑起他的冒險欲望

　　他是一個重自由意志勝於團隊規範的人，也是一個重創意改變勝於理論程序的人。第七型人像一隻不肯被馴服的野馬，只想在曠野間自在奔馳。他喜歡站在制高點，這樣他才能看得更遠。他是一位夢想家，一位理想主義者，他絕對有讓你目瞪口呆的本事。潛意識裡，他會以你的利用價值，或是否受到你的重視，來考慮要不要與你合作。所以，不妨盡量表現出對他的欣賞與敬佩，而且熱情地回應他提出的看法。快節奏的第七型人無法忍受慢半拍的伙伴，千萬不要讓他覺得你笨手笨腳、缺乏活力。

　　第七型人隨時都可以冒出新點子，但是他很少考慮到執行的可能性，就像他常常貿然行動，沒有想到後果。不過，如果想充分利用第七型人的特長，你最好盡量不要在他一提出點子的時候，就以實際的角度來批判，這麼做只會澆熄他的創意。所以，想要贏得他的好感，首先你得放鬆自己並與他分享他的夢想。

「多樣性」是打動第七型人最有效的方式，而這也是他希望自己能擁有的條件。因為他認為機會不等人，如果你不主動去把握，機會便稍縱即逝。第七型人對事情喜歡保持開放性的態度，即使到了最後關頭，也不會把事情說死。他習慣的方式是：「我們可以這樣做試試看」、「我們也可以那樣做試試看」、「不然，我們還可以這麼做試試看」。他喜歡淺嘗每一種方法，然後看看哪一個有用。

第七型人對所有的可能性展臂歡迎，但是能挑起他冒險欲望的，絕對會被擺在第一位。就像許多具七號特質的企業，通常會一擲千金地為新產品成立一個新部門來運作，即使獲利都還遙不可知。所以，大膽呈現你的點子，只要它夠嗆、夠炫、夠創意，強調你願意擔負執行的任務，第七型人會買單的。

【他可能發生的狀況】遇到困難便另起爐灶

除非是一位性格趨向陽光面的第七型人，不然，一般第七型人比較缺乏篩選點子的思考力，與落實計畫的意志力。他習慣發展一個大概的想法後，便馬上起身去執行。和第三型人一樣，他是不擅長等待的，只是第三型人會專心一致地朝向目標邁進，而第七型人卻會在岔路上快樂地張望。

不過，你最好盡量不要太早剝奪他多樣化選擇的機會，因為不斷地選擇是他躲避內心恐懼的方式。失去各種機會等於是要他直接承擔責任，毫無轉圜餘地等著接受後果，這會讓害怕受限的第七型人陷入極大

的焦慮。只要適時地給他一針見血的危機意識，非不得已時，才使出「最後期限」的法寶，告訴他已經沒別的出路了，這會讓第七型人知道代誌大條了，而拚命完成目標。同時，不妨提醒他，等事情交差後，他還是有機會再回過頭來做一些改變，這可以減緩第七型人感覺被趕鴨子上架的壓力。

　　許多第七型人並不喜歡承擔責任，他總是設想好諸多計畫，然後以熱情去說服周圍的人參與，最後當大家都投身其中時，他卻抽身又去發想新的計畫。所以，許多人會覺得第七型人缺乏耐性、沒有定性、不能信賴，甚至花拳繡腿地吹噓自己根本做不到的事情。所以，身為他的合夥人，你必須肩負起「執行監督」的角色，幫助他克服困難以落實偉大的夢想，而不是「只聞樓梯響」地空中畫餅。

　　此外，當第七型人長期承受壓力或是自覺大材小用時，他有可能會變得愈來愈嚴肅而且假道學，以往的輕鬆詼諧與愛好自由不見了，取而代之的是苛刻批評與專橫獨裁。向來隨和的他，開始失去開玩笑的幽默與度量。

根據「九型性格學」的理論，當原本充滿彈性、強調創意的第七型人，開始像性格不健康的第一型人一般嚴厲指責他人的過錯，並厚顏將自己的錯誤合理化時，表示他正面臨一個性格的轉捩點。他有可能因為害怕一輩子得這樣受苦的焦慮得到適當的發洩，而恢復以往的性格；也很有可能變得更自大而故意矮化別人，並將錯誤怪罪在他人的頭上。

第八型　天生領導者

【像這樣的人】每個人都想掌握權力

對權力分配特別敏感的他，常抱持著「誰都別想爬到我頭上」的心態去對待周圍的人，希望工作伙伴都能和他一樣，精力充沛且全力以赴地去完成值得奮鬥的目標。懂得拚命也懂得享受，他最怕和無能的懦弱者一起工作。當第八型人感受到坦誠相待、惺惺相惜的團隊氣氛時，他會更富正義感與使命感，就像一個頂天立地、劫富濟貧的俠客。

你很少看到第八型人退縮認輸，即使遇到不可能任務，他通常也會咬著牙硬撐而不願意承認自己不行。因為，第八型人會潛意識地藉著過度膨脹的自信心，來鞏固自我價值，所以他愛表現得比別人優秀強勢。第八型人最懂得「先聲奪人」的道理，他認為，只要表現出一絲的猶豫與軟弱，敵人便會趁虛而入。許多第八型人在孩童時期就經歷了被不公平對待或欺侮的羞辱，讓他痛下決心要當一個強者——不管是實質上地征服對手，或只是虛張聲勢地嚇退敵人。

正因為不想再被欺負，第八型人通常會為自己的立場挺身而出，或是保護團體中的弱勢者。因為第八型人雖然看起來非常強硬，但是在內心深處卻是很脆弱的。他想保護弱者，其實也是一種「自我療癒」的反射。他一方面要裝強勢嚇阻外界的威脅，一方面卻躲在暗處獨自舔舐傷口。

如果你要與他合作，你得做好接受他「狂風暴雨式」的準備，這並不是說他一定像個暴君般不近情理，而是他喜歡感受「強度」，同時也會要求你有足夠的強度與爆發力與他匹配。所以，把支配權交給他，由你提供細部的觀察與情報，只要他信任你，而你也能無怨無悔地忍受他情緒爆發時的無禮與粗魯，你們的合作必然能過關斬將。他堅強的意志力與開創大局的野心和魄力，非常適合需要廝殺搏鬥、不留給敵手任何存活機會的產業。如果，你們合作的外在環境非常險惡，需要一位狠角色來開疆闢土，或是你希望壓倒性地獨占市場，那麼第八型人絕對是最佳人選。

【如何獲得他的信任】做他的圓桌武士，死忠追隨

他是一個重自我發展勝於他人權益的人，也是一個重實質行動勝於反覆思考的人。第八型人像一隻據地為王的獅子，不准任何人在他的地盤上撒野。他喜歡一切都在他的掌控之中，這樣他才能夠信心滿滿地對抗任何想篡奪他權力的對手。他處事的手法常常粗暴地讓人不敢恭維，但是內心裡，他卻是一位天真的理想主義者。每一位第八型人都有「一統世界」的野心，不管這個「世界」是大是小，他會盡力維持這個「世界」的秩序，好讓每一分子都能被公平地對待。潛意識裡，他會以你的忠誠度與膽識，或是各種現實的條件，來考慮要不要與你合作。所以，不妨將你的底牌攤在桌面上，直接而且堅定地表明你效忠的立場。同時，強勢的第八型人看不起哭哭啼啼的軟弱者，在他面前搖尾乞憐也許

可以獲得他的同情，但是絕對無法贏得他的尊重。

第八型人通常以狂傲自大與火爆脾氣聞名，因此一般同事間非公事需要，通常都不願意和他走得太近；甚至，在第八型人受到挫折或是困難時，其他人也許都躲他躲得遠遠的，以免被颱風尾掃到。不過，第八型人其實挺重情重義的，會特別看重那些願意陪他度過難關的伙伴。所以，想要贏得他的好感，首先不要懼怕他的強勢姿態或是冷血霸道，把他當作好朋友一般地釋出你的關心，他會在內心默默地記上一筆。不過，精明的第八型人會反覆地試探你的忠誠度，直到他願意相信你為止。

「挑戰」是打動第八型人最有效的方式，而這也是能讓他感到活力與興奮的一劑強心針。第八型人尤其喜歡在不確定的環境下，展現自己強大的力量，一些沒有挑戰性或是不會引起大眾注意的工作，第八型人是不屑一顧的。第八型人喜歡挑戰別人，也喜歡接受挑戰，如果你想激發第八型人的潛力，那就不妨挑戰他的能力吧！利用一些「你不相信他做得到」的激將法，這會讓自認為最有辦法的第八型人，二話不說地將工作全部承擔下來。

【他可能發生的狀況】得罪一堆人

除非是一位性格趨向陽光面的第八型人，不然一般第八型人比較缺乏多角度思考的習慣。他最討厭翻來覆去地考慮一個決定，那絕不是他的風格。他通常會奮力劈開眼前的道路，然後全力以赴地直奔目標，如此難免給人莽夫或是不用大腦的印象。他堅持自己的作法，很少考慮團

體中大部分人的步調或是條件。由於自認能力很強，所以對別人的作法常常嗤之以鼻。他是憋不住話的人，只要感到不滿意，他最終還是會爆發出來，而且是嚇死人的激烈火爆，常常讓當事人難堪又下不了台。

第八型人的氣焰高漲，常常不小心會燒傷了身邊的人。他會毫不留情地痛批他認為該處罰的人（幸好他還算是一個講究公平的人，對於該獎勵的人也很少會虧待），大剌剌地砲轟與他的立場不一致的人。如此的蠻橫態度與不看場合出牌的恣意行事，常常讓第八型人得罪一堆人而不自知。不過，就算第八型人知道，他也根本不在乎。

要搞定這樣一個「只想當老大」的伙伴，並不如想像中的困難，因為他其實正如他的說話方式一般直來直往。第八型人不耍心機，他要，就是要，才不管吃相有多難看！所以，身為他的合夥人，你只要穩定地堅持你的立場，當他自大地胡言亂語時（要確定他說的真的沒有道理），狠狠地戳破他的牛皮，也許他會惱羞成怒，但是，如果他真的是在大放厥詞，第八型人通常會心虛地閉嘴。

此外，當第八型人長期承受壓力，或是自覺被欺騙或受不公平待遇，他有可能會變得愈來愈猶豫焦慮而且逃避眾人，以往的果決與大膽，被亂無頭緒的思慮所取代；向來等不及去實踐理想的他，開始失去閃電般的行動力，變得消沉而安靜。

根據「九型性格學」的理論，當原本習慣以大動作、大聲量吸引眾人目光的第八型人，開始像性格不健康的第五型人一般躲躲藏藏，甚至像耗盡了所有能量一般時，表示他正面臨一個性格的轉捩點。他有可能因為害怕成為弱者的恐懼得到適當的發洩，而恢復以往的性格；也很有可能變得更心胸狹窄而多疑，並自暴自棄地認為自己已經是個廢人了。

第九型 嚮往和平者

【像這樣的人】每個人都有自己的看法

　　對不同觀點的包容力特強的他，常抱持著「井水不犯河水」的心態去對待周圍的人，希望工作伙伴都能和他一樣，懂得尊重別人的立場與想法，並且凡事以團體多數人的意願為優先，因為他最不想看到組織內有衝突發生。當第九型人身處在一片圓滿和諧的氣氛下，他會比平常更有活力而且充滿幹勁。

　　在一般情形下，團隊中的第九型人很少會堅持某個立場或選擇，他習慣順應多數人的意見。因為第九型人深深瞭解「一體多面」的道理，世界上的事物沒有絕對的好與壞，所以何必為了個人己見而硬要推翻別人的想法？第九型人最不願意做的就是破壞團體的和氣，更害怕別人把他列為「敵對的一方」。許多第九型人從小就是家裡「意見不多」的一員，有很大的一個原因是，他們不想擾亂家裡應該有的和樂氣氛。尤其當家裡的氣氛已經很糟糕時，第九型人會把自己隱藏起來，甚至以「其實我還算幸福」的假象來自我安慰。

　　因為不喜歡面對緊張與衝突，第九型人常常在事情發生的當下，會不由自主地神遊到另一個世界去，以逃避眼前的壓力。比方說，開會時兩方爭執不休，這時第九型人可能會開始「冥想」其他事物，讓心思離開這個火爆的現場，或是乾脆把自己當成中立者或旁觀者。總之，就是

遠遠地離開衝突，盡量不讓自己捲入紛爭之中。如果你要與他合作，你得做好接受他「模稜兩可」的準備。這並不是說他沒有主見，而是他看事物的角度很廣，所以要他做選擇，並不是一件很快速又容易的事。因此，讓第九型人充分地發表意見，並且認真地考慮他的提議，將是與他合作愉快的一個常見模式。

另外，第九型人的柔軟身段與溝通協調的能力是值得倚重的，非常適合需要整合內部資源，或是重視對外宣揚合作理念的產業。如果，你們的合作內容需要一位可以迅速融入客戶的親善大使，或是需要多方協調的工作，那麼第九型人絕對是最佳人選。

【如何獲得他的信任】強調願與他攜手共創未來

他是一個重團隊目標勝於個人理想的人，也是一個重同舟共濟勝於爭個人成敗的人。第九型人不喜歡單打獨鬥，因為那勢必得承擔相當的壓力。他喜歡當一位無名英雄，甚至無名小卒也好，只要你願意尊重他的想法，並且應許一個互惠共利的目標，第九型人會因為你的守諾而更努力付出。潛意識裡，他會以你的個性是否好相處，或自己是否真的被聆聽和被瞭解，來考慮要不要與你合作。所以，不妨表明你真的很欣賞他，而且專心聆聽他的大小意見。同時，低調的第九型人厭惡傲慢自大的人，千萬不要在他面前炫耀你的權力或能力，即使你真的比他厲害。

第九型人是一位優秀的情勢分析者，但是他很少強調自己的立場，就像他喜歡鼓勵別人往目標邁進，而自己的夢想卻常常只停留在腦海裡

或是紙上談兵。如果想要充分利用第九型人的特長，你最好盡量不要與他對立，而是與他手牽手。第九型人就像水，看似柔弱，但是別忘了，水刀的力量是可以切割鑽石的！所以，想要贏得他的好感，首先你得先學習放下身段，並且放慢腳步，與他站在平等而且是同一國的陣線上。

「認同他」是打動第九型人最有效的方法，這也是他一直渴望獲得的和諧感。對他來說，維持安穩的現況很重要，如果氣氛不對，工作將會苦不堪言。第九型人對不同的觀點有很大的包容心，但是這並不表示他贊成所有的觀點。他只是比一般人容易體認到「每個人都有自己的立場」罷了。他習慣的方式是：「我們應該聽完每一個人的想法後，再來投票表決。」他喜歡幫助大家看見每一個面向，然後大夥兒一起來做決定。

第九型人能夠和三教九流的人打交道，但是唯有能讓他感受到被重視的人，才會被他注意。第九型人對他人總表現出關懷溫情的一面，但是當他看似專心地在傾聽你的煩惱時，他很可能根本沒有聽進去！所以，想要喚醒喜歡心靈夢遊的第九型人，你得先對他付出全部的注意力，讓他感受到你真的在注意他。

【他可能發生的狀況】失去焦點

除非是一位性格趨向陽光面的第九型人，不然一般第九型人比較缺乏行動力與改變的勇氣。他習慣等待，甚至是漫無目的地等待。要他採取行動可能得花上一番功夫，一旦採取行動，又很難改變他的方向。其

實，第九型人並不是沒想過改變，只是他考慮的因素太多了！別人的意見、整體的情況、自己的感受，甚或是社會道德的觀感……等，第九型人就像一隻蝸牛，身上背著厚重的大殼造成他的行動遲緩。

第九型人總是默默地幫助團隊邁向夢想。面對問題時，他會認真地替團隊分析各方消息與各種可能，並將自己的建議包含在內。只是，他很少強勢推銷自己的想法，因為他相信大家應該和他一樣，早已經清楚地看出哪一條路才是正確的選擇，而不需要他再多費唇舌。問題是，他一視同仁地陳述所有的觀點，導致他自己的立場沒有被凸顯，反而變得模糊。許多曾與第九型人共事過的學員與我分享，他們在聽完第九型同事的報告後，常常還是搞不清楚他到底想要怎麼做。

不過，千萬不要因為第九型人的冗長無聊，而對他表現出不耐或是輕忽的態度，第九型人對「沒受到尊重」是非常敏感的，因為他一直擔心的就是自己不被接受。對第九型人來說，你的不耐意味著你反對他，這會讓一心想與你維持和平的第九型人陷入極大的焦慮，而變得疑神疑鬼。第九型人實在太和氣了，人們常常不自覺地忽略了他。其實，你只要針對目前的工作去詢問他的想法，就能幫助他專注於當下，同時也讓他覺得受到了重視，這可以減緩第九型人總擔心自己會被有心機的人壓迫欺負的感覺。

許多第九型人喜歡拖延，或是靜待問題自然被解決。所以，旁人會覺得第九型人太消極閒散、不肯投入、容易分心，甚至是表面上好像答應、實際上卻沒有任何行動的敷衍者。所以，身為他的合夥人，你必須

肩負起「聚光燈」的角色，幫助他縮小焦點，專心看到目前需要完成的事項，然後按照計畫一步一步完成目標，不然，他很可能會將精力花在枝微末節的瑣事上面。

此外，當第九型人長期承受壓力，或是自覺被大家忽視欺壓時，他有可能會變得愈來愈短視而且憂心忡忡，以往的和藹可親與安逸態度，被狹窄的心胸與焦慮不安所取代。向來不提高聲調說話的他，開始失去冷靜與沉著。

　　根據「九型性格學」的理論，當原本以和為貴、不與人為難的第九型人，開始像性格不健康的第六型人一般會公開反擊對手，並且出現強烈的情緒高低潮，表示他正面臨一個性格的轉捩點。他有可能因為焦慮的情緒得到適當的發洩，而恢復以往的性格；也很有可能變得更多疑，並不再輕易相信任何人。

Part 3
誰是你的靠山
天塌下來・有人撐腰

第一型　理想崇高者

【像這樣的老闆】一切按照正確的程序來

為部屬立下清晰可執行的規範，帶領大家追求最佳的品質，是第一型老闆熱衷的事務。他肯定是一位強硬耿直的領導者，十分清楚公司的目標與遠景，任何脫軌的隊員，都會被他諄諄教誨地帶回正途。他喜歡與部屬分享他的看法，更喜歡受到熱烈的回應。

但是，如果你的回應是諫言，那就得看他覺得你說的有沒有道理了。雖然，第一型老闆絕對有從善如流的胸襟，但是自我要求超高的他很怕犯錯，對不同的意見特別敏感。尤其當第一型老闆的性格發展趨向陰暗面時，按照「九型性格學」理論，會如性格不健康的第四型人一般自我中心又情緒化，往往把他不認同的諫言當成是人身批評！正因為如此，許多第一型老闆的部屬通常不敢向老闆表明內心真正的想法。

由於長期受到第一型老闆的嚴格要求，部屬們學習到以「不出錯」為最高原則，要他們接手某件沒有「前例可循」的任務時，部屬通常會猶豫不前，深怕做錯了而飯碗不保。

第一型老闆強調品德、誠信與品質，這些高標準為他帶來勤奮工作又恪守本分的部屬，但是，也很容易造就一群因為害怕犯錯而不敢創新，死守規則而不敢變通的部屬。根據「九型性格學」理論，當第一型老闆的性格發展趨向陽光面時，會如性格健康的第七型人一般勇於創

新，帶領企業進行徹底且實際的改變。

【如何爭取他的支持】展現你嚴謹又有條理的一面

「傳統、正當、專業、組織化」是贏得第一型老闆認同的基礎功夫，即興演出或是過度自由發揮的簡報，只會讓第一型老闆懷疑你的能力。「原則與努力」是打動第一型老闆的咒語，只要你能拿出清楚合理的原則，並且規矩地按章行事，就算是天馬行空的動腦會議，第一型老闆也能接受。

另外，盡量避免將計畫著眼在利害關係或是一時的利益上，第一型老闆不喜歡急功近利，他要的是穩紮穩打的永續經營。一般來說，第一型老闆擁有一種類似讀書人的風骨，懷抱著「為社會做一些事情」的理想，偷雞摸狗的生意他是不屑去做的。

最好不要期待第一型老闆會為你大開特例或是法外施恩，因為這等於是在挑戰他辛苦制訂的規則。一旦失去平日行事的標準，第一型老闆會方寸大亂。問題是，他不會認為是自己缺乏彈性，反而會認為是你破壞規定，先把過錯怪在你的頭上。

【張忠謀：企業界的模範生】

「我無法忍受平庸、不努力的部屬。」

有「半導體教父」之稱的張忠謀，其犀利嚴峻的領導風格，將第

一型人擇善固執的領袖氣質，與不卑躬屈節的嚴謹性格表露無遺。張忠謀為人方正自持、守法守紀，更要求他的企業不走後門、不攀附政商關係，凡事皆以法律為優先標準，道德亦不可忽略。難怪李遠哲博士稱讚張忠謀是「企業界的模範生」。

● 強烈的使命感，嚴格高標準

一九八五年，懷著滿腔熱血與政府的殷殷期盼，張忠謀從美國回到台灣擔任工研院院長三年。為了徹底改變工研院的文化，他的鐵腕作風得罪不少人。有些朋友勸他別太認真了，但是，他嚴肅地回答：「我不留戀職位，就是想做點事。」

第一型人的理想與抱負，通常與大環境的福祉息息相關。例如：推廣環保意識、保護弱勢團體、幫助社區公共事務發展……等，所有關於改正不正確的事務，第一型人特別擅長，也特別有興趣。第一型人的心中有好幾把尺，隨時因應情況，拿出不同的尺度來丈量一番，只要達不到他心中標準的，就是不合格！而他的標準通常是非常嚴苛。因此，如果你有一位第一型老闆，你不僅要有實力和努力，還要具備耐罵、耐磨的忍耐力！

● 實事求是，直言不留情面

張忠謀曾說：「我想到的，不能不做；看到的，不能不說。」他更認為，領導者能否受到屬下的尊敬，比能否受到屬下的喜愛更重要！不過，張忠謀向來是對事不對人，只要員工知錯能改，下次把事情做好，

他便給予肯定。

　　第一型人大多是急性子，常常為了求好心切而不顧別人的感受，嚴厲的批評與咄咄逼人的追根究柢，難免讓員工不好受。不過，許多跟過第一型老闆的學員與我分享，他們雖然不見得都喜歡自己的第一型老闆，但是他們不得不佩服第一型老闆。而且，在巨大的壓力下，他們學到的更多！

● 設下學習目標，不斷自我鞭策

　　張忠謀主張：「有計畫，而且持之以恆的『終身學習』，是成功領導者的必要條件。」因此，他除了利用網路吸收知識，每天至少閱讀四份報紙，平均每個禮拜讀十到十二篇的書評，每月約看一、兩本新書。他更鼓勵員工要不停地自我充實成長。投身改革，是第一型人的宿命，除了改正他認為不好的事物，第一型人也希望自己能不斷地進步，更期許周圍的人能跟上他的腳步。第一型人喜歡樹立典範讓別人追隨，所以他是以非常高的標準在要求自己，同時也要求別人。

1號名人 孔子、國父孫中山先生、陳定南、王作榮、馬鶴凌（馬英九的父親）、前財政部長王建、印度甘地、英國前首相柴契爾夫人、希拉蕊·柯林頓、穆爾（英國人文主義者）……等。

111

古道熱腸者

【像這樣的老闆】只要我的員工開心，我就開心！

瞭解每一位部屬的長短處，幫助大家解決工作上的需要，或是生活上的問題，是第二型老闆熱衷的事務。他肯定是一位宛如大家長一般親切的領導者，十分關心員工們的工作現況與私人生活，任何無法與團體和樂相處的隊員，都會被他和顏悅色地請出團隊。他喜歡傾聽部屬的心聲，更喜歡透過這些心底話，挖掘出問題所在與解決的辦法。

但是，別因為第二型老闆把你當自己人看待，你就忘記了主從關係。雖然，第二型老闆絕對有與人為善的大愛，可是他的付出是要被感激、被重視的。第二型老闆需要受到眾人的喜愛與尊敬！當他的付出被踐踏時，他會更想要影響或控制對方，不管採用柔性或是激烈的手段。正因為如此，許多第二型老闆的部屬都不敢和這位「笑面虎」老闆撕破臉，以免被暗中報復。

由於長期受到第二型老闆強調人性化的管理，部屬們學習到以「人和」為最高原則，誰也不願意做直言直行的「惡人」，深怕成為部門裡不受歡迎的人物。第二型老闆強調溫情、服務與支持，這些人情味為他帶來和樂相處猶如一家人的部屬，但是，也很容易造就一群向老闆爭寵且公私不分，表面上和樂融融而私底下抱怨不斷的部屬。

根據「九型性格學」理論，當第二型老闆的性格發展趨向陽光面

時，會如性格健康的第四型人一般，為企業注入追求心靈成長的深度，與傳承人生智慧的精神。

【如何爭取他的支持】拉近你們的關係

「細心、體貼、好人緣」是贏得第二型老闆認同的基礎功夫，太過強勢或是個人風格過於鮮明，只會讓第二型老闆擔心你是否能和其他同仁相處愉快。「知恩圖報」是打動第二型老闆的咒語，只要你能表現出十分感念第二型老闆的激勵，讓你變得更有效率或是更能發揮實力，即使你的工作表現不如預期，第二型老闆也願意再給你一次機會。

另外，盡量將計畫著眼在與人相關的服務上，這可以充分利用到第二型老闆的「強項」──人際關係。第二型老闆也許不擅長嚴肅的理論或是邏輯思考，但是他的交際手腕保證一流。一般來說，許多第二型老闆擁有一種「草根性」的義氣，對於保護弱小或伸張正義，是不餘遺力的。

最好不要拿公平性、合理性，或是條文規章去與第二型老闆爭辯，也許你可以爭取到你想要的，但是也會切斷了你與他之間的情誼。一旦惡質關係表面化，第二型老闆會乾脆「一不做、二不休」地一勞永逸請你走路。問題是，他不會認為是自己專橫、不給你機會，反而會認為是你無情無義、不懂得做人的倫理。

根據「九型性格學」理論，當第二型老闆的性格發展趨向陽光面時，會如性格健康的第四型人一般，不再只是表面地關懷他人，而是真切的人道主義者。

【高清愿：學甲皇帝】

「先善待人，然後才能帶人。」

　　總是笑臉迎人的高清愿，其強調「惟和致善」的領導風格，將第二型人親切和藹的領袖氣質，與樂於助人的悲憫性格表露無遺。高清愿為人謙和有禮，十分重視孝道倫理，更要求他的企業正派經營、服務第一，並信守「家和萬事興」的理念。此外，高清愿是台南學甲人，事業有成後不忘回饋鄉里，因此，學甲人為了感念他的施惠，特別尊稱他為「學甲皇帝」。

● 卑下的領導人

　　高清愿視員工為兄弟姊妹一般，說話態度非常客氣，用餐時，還會幫員工挾菜。他更喜歡與員工相處或是閒話家常，這樣他便可以聽到員工的「心底話」，不僅讓他更清楚地瞭解部屬的需要，同時也可以作為解決公司內部問題的參考。

　　滿足別人的需要，是第二型人的宿命。除了盡力找出需要幫忙的地方，第二型人也希望別人能主動向他求援，更樂於見到別人受惠後的開心模樣。第二型人喜歡在別人身上看見自己的貢獻，所以他會很努力地去影響別人的生活。

● 處處為員工設想的慷慨老闆

　　高清愿曾說:「為股東賺錢及為員工賺錢,比替自己賺錢還要高興!」他認為管理一定要「人性化」,「將心比心」才是帶人的方式。他甚至以感恩的心來回饋員工,因此他鼓勵主管送禮給屬下,而非屬下送禮給主管。第二型人重視的是「人」,「電腦化」或是「樣版化」的事物會令他們感到「缺乏人性」而不願意使用。只是,有些第二型老闆過度強調與屬下的友好關係,容易給人「喜歡介入別人家務事」的印象。

● 以溫情激勵人心

　　高清愿的記性很好,聽說他能夠叫得出大部分員工的姓名。根據筆者的經驗,許多第二型老闆都有這種能耐!此外,高清愿對待失職的員工亦十分寬厚,主張以勸退的方式取代開除,避免員工留下職場污點,不容易再找新工作。

　　第二型人的「人情攻勢」是九種性格類型之冠。如果你遇上一位「可以臉不紅氣不喘地拍馬屁」的人,應該是第二型人不會錯!第二型老闆就是有辦法做到讓員工離職時,仍會抱著感恩的心態而依依不捨,就連客戶買別家的商品時,都有一種莫名的罪惡感!

2號名人　慈濟的證嚴法師、前立法院院長王金平、白冰冰、德蕾莎修女、南丁格爾、阿根廷國母艾薇塔、文藝復興的拉斐爾……等。

115

第三型　成功追求者

【像這樣的老闆】不要打斷計畫，目標就在眼前了！

帶領部屬向目標衝刺，是第三型老闆熱衷的事務。他肯定是一位說到做到、有魄力與毅力的領導者，最在乎的就是能不能如期達成目標。對於無法勝任工作的隊員，他都會毫不猶豫地撤換。他喜歡快速度的工作步調，更喜歡部屬能和他一樣，自動自發地設定目標、完成工作，不要成為他贏得勝利的絆腳石。

第三型老闆追求成功的決心很能夠激勵部屬，但是也容易引發部屬們彼此競爭的心態。不過，別忘了，他永遠都得是公司裡最閃亮的巨星！第三型老闆需要不斷的掌聲與肯定。當第三型老闆的成功不被認同時，他很可能暫時會像洩了氣的皮球一般，缺乏衝勁，卻也可能會不擇手段地將對手拖下舞台。許多第三型老闆的部屬永遠都在「備戰狀態」之中，深怕跟不上老闆的腳步而被淘汰出局。

由於長期受到第三型老闆「目標導向」的管理方式，部屬們學習到以「只求結果」為最高原則，採用何種手段並不重要，只要沒有被別人發現。第三型老闆強調效率、自信與專注，這些成功的元素為他帶來企圖心旺盛、行動力一流的部屬，但是，也很容易造就一群四處鑽營、趨炎附勢的部屬。

根據「九型性格學」理論，當第三型老闆的性格發展趨向陽光面

時，會如性格健康的第六型人一般的「信任與忠實」，讓他即使身為領導人也以團隊中的一分子自居。強調個人的競爭成敗，對團隊而言其實是不公平的，不如注重團隊分工與充分授權，才是真正的領導！

【如何爭取他的支持】拿出你最好的本領

「果斷、自信、積極」是贏得第三型老闆認同的基礎功夫，太過猶豫不決或是喜歡把個人私事掛在嘴邊，只會讓第三型老闆對你的能力大打折扣。「不認輸」是打動第三型老闆的咒語，只要你能表現出一定要成功的必勝決心，而且證明你能從失敗的經驗中汲取教訓，即使你曾經打敗仗，第三型老闆也絕對會挺你。

此外，盡量在事前針對計畫做最充分的準備，「時間」對第三型老闆來說非常寶貴，他要直接看到結果與要付出的代價。同時，不要打斷正在工作的第三型老闆，尤其不要突然跑進他的辦公室內，與他聊你最近的煩惱。雖然，第三型老闆也會和員工搏感情，但前提當然是為了工作需要。第三型老闆絕對是「工作至上、效率第一」，什麼事情的獲利最高、什麼方法能最快達到效果，他都會毫不猶豫地採用。

最好不要以感性的訴求去和第三型老闆談工作相關的事務，這會讓他因無力招架而將你打回票。他不是絕情，只是他不知道該如何處理部屬的情緒，因為他甚至連自己的情感都不願意去碰觸。

因此，第三型老闆傾向以「我會更努力地工作」來面對人生的難題，也認為其他人理應如此。問題是，他不會認為自己忽略了別人的感

受，反而會認為是你不夠理智、不夠敬業，或不夠專業。

【嚴凱泰：少主中興】

「我要的人就是能跟得上時代、跟得上社會需求、能打仗的人。」

十分重視自我與企業形象的嚴凱泰，其強調「快狠準」的領導風格，將第三型人懂得隨機權變的領袖氣質，與堅持理念的不服輸性格表露無遺。嚴凱泰從眾人嘲諷的「跛鴨少主」、「敗家嚴」，到日後成功地帶領裕隆浴火重生，成就了「少主中興」的傳奇故事，進而被評選為「中國未來經濟領袖」之一！而這一切正是第三型人「戰鬥不懈」的極致表現。

● 不達目標絕不罷休的拚命三郎

從五歲開始，嚴凱泰就期許自己有朝一日能接掌裕隆，父親生病後，嚴凱泰更覺得惶恐不安，深怕自己的能力無法接管裕隆，這無疑是向所有等著看的人承認：「嚴凱泰是一個沒有價值的人！」好強的嚴凱泰憑藉著驚人的意志力與不妥協的堅持，成功地賦予裕隆全新的氣象。

由於父母的殷殷期盼，不少第三型人從小就背負了過多的責任，也因此，在學校或團體中，都有優異的表現。第三型人通常是相當早熟的孩子，在力求表現的同時，內心裡不時地擔憂自己的能力不夠，更害怕自己的表現不夠好會減低了自己的價值。在學校裡，會與老師斤斤計較

分數的學生，很多都是第三型人，因為，成績就是他的價值。

●快狠準

嚴凱泰曾說，裕隆文化就是「戰鬥力、快狠準！」只有下猛藥，才能讓公司在短時間內起死回生。在裕隆尚未脫離危機風暴之前，嚴凱泰刻意讓團隊一直保持著戰備狀態，而他自己也是每日精神抖擻地披甲上陣。他認為，「速度」是企業致勝的關鍵。當裕隆營運穩定之後，嚴凱泰因應情勢地改變了領導管理的風格，從嚴厲強勢一轉而為寬闊有容，讓團隊能夠更緊密、更長久地運作下去。

第三型人是「識時務者為俊傑」，能夠忍一時之氣，以成就大業。團體中，第三型人不會死守規定，但是也不會明目張膽地打破規定，他會在規定的縫隙間遊走，尋找最短、最快到達的路徑。第三型人天生對時事脈動異常敏銳，哪一種方式有效，哪一種領導風格適合目前的局勢，他絕對從善如流。

●惟才適用

嚴凱泰用人大膽，曾獨排眾議地主導多次人事改革，但是，如果部屬不能達到他的期望，很可能便會被撤換下來。不過，嚴凱泰也發揮了第三型人陽光的一面——「真誠待人」。據說，他雖然公事繁忙，但是從不忽視員工的各項福利。當第三型人明瞭，他需要的其實不是來自工作上的成就，而是回應他內心真正的渴望時，他便能夠讓感情自然流露，並願意與人坦誠相對。

對第三型人來說，在團隊中，每個人都有自己的任務，如果做不到，領導者找別人取代是理所當然的事情，因為「達成目標」是不可以被延誤的。不像第一型人在用人時，首要考慮對方的品德，第三型人可以容忍個人私生活上的小瑕疵，只要對方能達到他的期望。

3號名人 陳水扁、蘇貞昌、中信辜仲諒、陳敏薰、前美國總統柯林頓、籃球之神喬丹、美國影星湯姆克魯斯、Superman 超人……等。

第四型　個人風格者

【像這樣的老闆】工作的背後，應該有更深遠的意義

　　幫助部屬找到對工作與生命的熱情，進而達到最佳表現，是第四型老闆熱衷的事務。他是一位注重品味、不喜歡跟著別人腳步做事的領導者，最在乎的就是一切是否能夠照著他的理想去做。對於過分強調實質效益而忽略精神層面，或是缺乏自省能力的部屬，他會毫不掩飾地鄙夷對方。他喜歡創造一種具有個人意義的經驗，更喜歡部屬能和他一樣，堅持理想、絕不輕言妥協。

　　第四型老闆對美麗事物的喜好與自我理念的堅持，往往能連帶提升部屬的品味，但是卻也容易分散部屬對工作該有的注意力。第四型老闆不是一位外向的人，即使他看起來熱情又溫暖。他絕對是一位心思纖細、容易被小事情影響心情的人。當第四型老闆覺得自己被誤解，他會不斷地解釋，直到他認為，部屬已經完全瞭解他想要傳達的表面意思與內含意義。

　　由於長期受到第四型老闆要求完美與帶有情緒化的管理方式，部屬們學會「察言觀色」的功夫，同時也磨練自我的穩定性與忍耐力。第四型老闆強調真誠無偽地展現自我的熱情，並渴望實現無懈可擊的夢想，這股熱忱為他帶來願意為理想不顧一切的部屬，但是，也很容易造就一群任性倔強又神經質的部屬。

根據「九型性格學」理論，當第四型老闆的性格發展趨向陽光面時，會如性格健康的第一型人一般地克制自我情緒，並且能夠理性思考，兼顧夢想與現實。畢竟，無法被實現的理想只是空談，這對充滿想像力的第四型人來說，是非常可惜的一件事。

【如何爭取他的支持】不落俗套

「熱情、真誠、質感」是贏得第四型老闆認同的基礎功夫，太過表面或是順應大眾品味，只會讓第四型老闆對你的能力大打折扣。「獨特風格」是打動第四型老闆的咒語，只要你能說明企畫案本身富有的特殊意義，或是能為公司或客戶帶來某種難得的人生體驗，第四型老闆通常會願意花點時間聆聽。

此外，盡量對你的計畫做出清楚的承諾。第四型老闆也許給人隨興的感覺，但是充滿不安全感的他，需要清楚地知道你即將採取的一舉一動，以及伴隨的成果。不過，不要過度膨脹了你的承諾，那是第七型老闆喜歡聽到的，習慣悲觀思考的第四型老闆只會懷疑你的真誠。第四型老闆喜歡「不一樣」的事物，若再能兼具品味與心靈層面的深刻意義，肯定能夠吸引他的注意。

最好不要以世俗的標準去說服第四型老闆，「大家都這麼做」是他最討厭的方式。第四型人就是喜歡做一些跟別人不一樣的事情，他不會向第七型人一樣地敲鑼打鼓宣告世人，第四型人會找到一種獨特的方式來表達他的「不平凡」。問題是，第四型老闆總是找得到「美中不足」

的地方，在他眼裡，旁人不是太平凡，就是比他好得讓他想嫉妒。所以，第四型老闆不容易取悅。

【許文龍：新奇與美麗的結合】

「一切都跟著別人學，到最後一定生存不了！」

崇尚老莊思想的許文龍，其強調「尊重、自然」的領導風格，將第四型人追求「精神團結勝過規範治人」的領袖氣質，與以感覺行事的隨順性格表露無遺。主張企業經營要「新奇美麗」的李文龍，是一位不想擁有辦公室的董事長，也是一位曾為了釣魚而放棄與總統餐敘的企業家。他認為，有了辦公室，大家就很容易找到他，他會覺得被束縛、不夠自由。而這都是第四型人不喜歡受拘束、重視個人意志、低調特立獨行的表現。

● 理念最重要

許文龍曾表示：「企業乃追求幸福生活的手段。」他工作的目的不是在賺錢，而是在於有了錢，能夠做更有意義的事情。例如：成立博物館、幫助有藝術天分的小孩出國進修……等，這些事讓他非常有成就感。他認為，藝術文化才是傳承的寶藏。

第四型人喜歡探究事物的根本意義，以及各種與他產生關係的事物。他尤其喜歡像剝洋蔥一般，一層一層地挖掘出自我的真實價值。因

此，「理念」就像是無形的養分，幫助第四型人不顧世俗的眼光與規範，堅持走自己的路。第四型人討厭俗氣的事物，他追求的是心靈層面的感動。

● 強調創新

許文龍鼓勵部屬大膽創新，假使部屬因為嘗試而犯錯，他也從不追究責任。他認為，如果按照傳統的管理方式，部屬容易抱持「不做不錯」的消極心態，沒有創新，企業很快會被淘汰。此外，喜歡簡單的許文龍將企業中的層級單純化，很少有公文簽呈之類的程序，如此讓奇美的決策流程更順暢。

第四型人強調感覺與自我探索，這讓他們充滿了創造力。內心想和別人不一樣的渴望，以及想被別人欣賞與瞭解的需要，促使第四型人絞盡腦汁去做一些特別的事情。只是，第四型人不喜歡被催趕生產的感覺，最好能讓他們優雅從容地揮灑創意。第四型人不喜歡別人吹毛求疵，或是討論太細節瑣碎的問題，大家的觀念一致是最重要的。

● 每一位員工都是不一樣的

許文龍認為每一個人都有他獨特的才華與潛力，因此對於部屬他向來採取「互信」的領導方式，他只掌握決策，其餘則讓部屬獨當一面，他既不干涉、也不過問，完全將權力下放。同時，他非常重視基層員工的意見，因此，他要求主管們一定要用心聆聽部屬的心聲，愈是不中聽的話，愈可能隱藏著改善公司經營的重要線索。

第四型人珍惜「獨特性」，並且希望自己尋找實現自我的道路，而不是跟隨他人的引導。第四型人非常在意自我的聲音是否清楚無誤地被他人聆聽。他需要被重視、被注意，「懷才不遇」的鬱悶，通常會發生在第四型人的身上。

4號名人 林懷民、前民進黨主席施明德、教育部長杜正勝、歌手周杰倫、英國王儲查爾斯王子、蒂芬妮珠寶、作家維吉尼亞·吳爾芙……等。

第五型　博學多聞者

【像這樣的老闆】讓我想一想再決定

帶領部屬投入研究、一起腦力激盪出營運對策，是第五型老闆熱衷的事務。他是一位喜歡儲備並控制大量資訊、善於分析的領導者，最在乎的就是掌控一切細節，以免有出乎意料的狀況發生。對於喜歡人際往來，或是需要經常被激勵的部屬，他會覺得很有壓力。他喜歡不受打擾地思考或工作，更喜歡部屬和他一樣有聰明的頭腦，能夠自動自發完成分內工作。

第五型老闆強調仔細觀察、深入探究的精神，往往能幫助部屬看事情看得更透澈，或是開啟新的視野，卻也容易為部屬帶來漫長的簡報會議，部屬有可能會有抓不到老闆思維的痛苦。由於不喜歡客套寒暄，第五型老闆喜歡以電子郵件、便條紙、答錄機，或是透過特別助理……等遙控的方式來傳達訊息，甚至有時候他根本懶得說明，因為他認為部屬不需要知道。

由於長期受到第五型老闆注重細節、不喜歡建立私人情誼的管理方式，部屬們學習到「知識就是力量」的真諦，唯有不斷精進自己的專業能力，才能在公司舉足輕重。第五型老闆擅長獨立思考，對事物的專注觀察與精準的見解，為他帶來具有洞察力、做事仔細的部屬，但是，也很容易造就一群缺乏團隊凝聚力，或是過度思考、不敢行動的部屬。

根據「九型性格學」理論，當第五型老闆的性格發展趨向陽光面時，會如性格健康的第八型人一般勇於面對動盪的環境，並且能迅速堅定地做出決策。第五型老闆的思路四通八達，在還沒有思考清楚之前，他通常不願意貿然做決定，如此，反而容易掉入「想太多反而不敢做」的窘境。

【如何爭取他的支持】準備好一切證據

「知識、創新、邏輯」是贏得第五型老闆認同的基礎功夫，充滿情緒的言詞或是缺乏說服力的數據，只會讓第五型老闆對你的能力大打折扣。「情報與事實」是打動第五型老闆的咒語，只要你能蒐集到完整的情資，或是有條理地呈現實驗的結果，第五型老闆通常會願意付出他寶貴的時間與你一起動腦。

此外，盡量將你的簡報做得鉅細靡遺，確定你清楚每一個細節與可能產生的結果。對資料與圖表特別敏感的第五型老闆，很少會被冗長的報表嚇住，更不會被眼花撩亂的表格所迷惑，他會以找出你的問題為樂！第五型老闆是數字的擁護者，更是專注於分析的專家，想要通過他的檢測，你最好以參加論文口試的態度去準備你的提案。

最好不要以時間或是其他藉口，迫使第五型老闆當下做出決定，他最討厭被人壓迫的感覺。第五型人習慣由一件事情聯想到另一件事情，因此，做決定對他來說，是一個漫長的過程。第五型人對情緒的回應更是緩慢，並不是他的感覺遲鈍，而是他刻意迴避情緒面的感受。因此，

第五型人往往在事發當時沒有回應，直到事情結束後，他才會細細回憶，並考慮自己該如何反應。問題是，第五型人即使在心中思考該如何回應，他也不見得會表現出來。這會讓部屬總覺得猜不透第五型老闆的心思。

【王永慶：台灣第一神祕】

「經營管理，成本分析，要追根究柢，分析到最後一點……」

主張實務經驗就是珍貴知識寶庫的王永慶，其強調「實力、勤奮」的領導風格，將第五型人「無時無刻不在思考問題，與不斷尋找解決方案」的領袖氣質，以及刻苦耐勞的低物欲性格表露無遺。年輕時的王永慶深知自己所學不足，所以他決心努力學習新知，數十年來如一日。勤學的精神與實務經驗，讓他的企業屹立不搖。這正是第五型人愛好智理與講究實力的表現。

● 實事求是的專業領導

王永慶曾說：「天下事情，你有沒有實力，是最實實在在的事情。」他認為，實力是專業知識與實務經驗的結合。因此，他要求台塑的新進員工，都必須到工廠接受六個月的輪班訓練，並且要撰寫一篇結訓的心得報告。

第五型人相當富有實驗與研究的精神，他們熱衷觀察並追根究柢，

所以常常會發現別人沒有注意到的細節或是角度。他們喜歡探究事情的根本，然後將自己的發現，演繹成一套標準或是哲理，再在將這套標準推廣到所有的事物上去，以求簡化複雜的情況。

● 勤儉帝王

王永慶也以節儉聞名，有一則大家津津樂道的小故事為證。一日，王永慶和主管們在豆漿店用早餐，部屬們都點豆漿加蛋，只有王永慶點清漿。只見王永慶喝了數口後，便要求老闆加蛋。原來，王永慶精算過，如果一開始就打蛋進去，會少喝了好幾口豆漿呢！

第五型人不想麻煩別人，更不想被別人麻煩，因此他們傾向減低各種物質需要，以達到不求人的目的。不過，這也因此造成不少第五型人捨不得在自己身上花錢，若是性格發展比較趨向陰暗面的第五型老闆，甚至不願意出資改善工作環境或栽培部屬。

● 享受孤獨的領導者

王永慶是一位相有當有威嚴的領導者，即使是與幾十年的老部屬，也都保持上對下的嚴謹關係，並未發展出一般友誼。雖然，這與他強勢的領導風格有很大的關係，但是他的第五型人性格也扮演重要的角色。

第五型人是九種性格類型中，最能享受孤獨、也最喜歡獨處的人，是最在意捍衛自己的「領土」、最注重隱私權的人。只要他們的私人空間被尊重，第五型人通常表現得謙和有禮，而且能夠將心比心地尊重別人的隱私。

5號名人 釋迦牟尼、法鼓山的聖嚴法師、李敖、比爾蓋茲、牛頓、達爾文、愛迪生……等。

第六型 謹慎忠誠者

【像這樣的老闆】我們準備好了嗎？

幫助部屬發現計畫中可能出現的狀況，並時刻關心部屬有沒有做好該做的工作，以確保團隊的進度，是第六型老闆熱衷的事務。他是一位思慮周密、善於解決問題的領導者，最在乎的就是，當意外狀況發生時，他是否已事先想好對策，以免背負導致團隊失敗的罪名。對於太過樂觀與自信的部屬，他會覺得其中必有詭。他喜歡部屬和他站在同一陣線，戰戰兢兢地為每一個環節把關。

第六型老闆強調「不怕一萬，只怕萬一」的警覺性，往往能夠幫助部屬更仔細縝密地檢視企畫案，不僅增強部屬的執行實力，也提高公司本身的可信賴度，但是，卻也容易讓部屬鑽入「防堵意外」的牛角尖，在不太可能發生的假設情況上，浪費過多的精力與時間。由於想得很多，第六型老闆常給人「不確定」的感覺，他常常在做了決策之後，又百般挑剔此項決策的潛在問題，或是苦思其他的可行方案。

由於長期受到第六型老闆注重危機處理與強調忠誠度的管理方式，部屬們的「危機意識」特別強烈。看起來完美無缺的計畫，並不容易得到第六型老闆的喝采，充滿危機管理的方案，才能贏得賞識。第六型老闆堅守「未雨綢繆」的優勢與平易近人的氣質，為他帶來謹慎聽話、腳踏實地的部屬，但是也容易造就一群陽奉陰違，或缺乏自信心的部屬。

根據「九型性格學」理論，當第六型老闆的性格發展趨向陽光面時，會如性格健康的第九型人一般穩如泰山，並且能夠沉著冷靜地「以不變應萬變」。其實，第六型老闆在內心早就知道答案，但因為性格的關係，讓他不斷地自我懷疑，以致於不敢堅持自己的主張，反而向外界四處尋找支持或是肯定。

【如何爭取他的支持】向他告白

「謹慎、友善、堅定」是贏得第六型老闆認同的基礎功夫，準備不周全或是肢體語言過多，只會讓第六型老闆對你的能力大打折扣。「誠懇」是打動第六型老闆的咒語，只要你表現出百分之兩百的誠意，或是滴水不漏地針對各種可能情況提出補救辦法，保證第六型老闆會立刻將你畫入他的「友好名單」之中。

此外，盡量把握第六型老闆指出你計畫缺點的黃金時刻，向他坦承你的確疏忽他所提出的問題，你會認真地思考該如何修正，並且請他給你建議。對潛在問題特別敏感的第六型老闆，很少會被失誤嚇住（雖然，他並不喜歡失誤），更不會被危機所擊倒，「有問題」比「沒有問題」更讓他安心。

最好不要隱瞞他任何事情，即使第六型老闆看起來和藹可親，但是骨子裡，他是不輕易相信別人的。要獲得第六型人的信任需要花時間累積，他會從大小事情一一檢視，反覆驗證你的忠誠。第六型人善於分析推測，對於假設負面的情況尤其拿手。他傾向先設想最壞的情況，然後

四處蒐集情報，證明自己的推測是對的，同時想盡辦法解決這個不知道會不會發生的「最壞情況」。當第六型人遇見麻煩時，他通常會把原因歸咎到別人頭上，並且在內心掙扎不已，他到底該相信自己，還是相信別人？

【張榮發：平實的海洋之子】

「我只相信自己，不相信命運。」

上張團隊合作的張榮發，其強調「長榮裡面沒有個人英雄主義」的領導風格，將第六型人重視組織氣氛，與部屬一起打拚的領袖氣質，以及要求絕對忠誠的保守性格表露無遺。長榮喜歡錄用大學剛畢業或剛退伍的年輕人，對曾經在別家企業服務過的人才敬謝不敏。因為，張榮發認為，對於這些跳槽過來的人才，其過去的工作經歷以及離職的原因，都不易掌握，而這些潛在的問題很可能會對長榮造成傷害。

● 重視團隊精神

長榮的企業精神是：「團隊、創新、挑戰。」張榮發採取「終身制」的聘僱方式，讓部屬對公司產生絕對的向心力。而篤信一貫道的張榮發，更運用宗教信仰，塑造誠信正直的企業文化，與良善和樂的組織氣氛。張榮發不僅在公司附近廣設道場，自己更多次演講開示，以自身的求道經驗，感召部屬們加入修道的行列。

第六型人是群體的動物，最喜歡「大家一起為組織的目標努力。」第六型老闆絕對是身先士卒、在第一線和部屬並肩作戰的領導者。他是低調的領袖，不喜歡擺主管派頭，喜歡和部屬們打成一片，但是，你若採取與他對抗的立場，你會見識到他獨裁專橫的一面。

● 師徒制的專業傳承方式

張榮發明白地對下指示：「如果想升官，先把下面的人訓練好，有人接手才能升官。」他特別喜歡錄用社會新鮮人，因為這些人單純且可塑性高。張榮發運用老鳥帶菜鳥的「師徒制」培育人才，不僅形成威權體系、保持企業的專業運作，同時，也在無形中建立公司內部家庭式的倫理關係，有效地增強了組織的凝聚力。

第六型人喜歡諮詢多方意見，尤其是自己所尊敬的權威人士。因此，不少具有六號性格的組織，例如：大學院校，都存在著「導師」的角色，或是強調「師徒」的同盟關係，以確保彼此之間的忠誠度與立場一致。

● 誠信第一

張榮發主張性善的論點，因此他不僅願意相信別人，也要求自己信守承諾，以獲得他人的信賴。他更致力於讓長榮成為一個值得信賴的企業體。這種「互信互惠」的關係，一直是第六型人努力經營的目標。「我的忠心換你的友誼」，對第六型人來說，這是非常公平自然的。

「信心」是第六型人的首要人生課題。當第六型人失去信心時，他

便會不斷地自我懷疑，並轉向外界尋找指引。因此，一位性格發展趨向陽光面的第六型人，非常自信、善良、堅定，而且獨立，會像一位第八型人一般地充滿勇氣與鬥志。

6號名人 游錫堃、英國戴安娜王妃、藝人侯佩岑、印度靈性導師克里希那穆提、美國總統小布希、美國前總統尼克森……等。

 # 第七型 勇於嘗新者

【像這樣的老闆】我又有一個好點子！

激起部屬對工作的熱忱，設法讓工作氣氛與環境變得更輕鬆歡樂，是第七型老闆熱衷的事務。他是一位點子多多、樂觀熱情、對有興趣的事物很容易就high起來的領導者，最在乎的就是「還有沒有更好的點子或是機會？」對於反應不夠快、刻板保守的部屬，他遲早會找個理由辭退他們。他喜歡和他一樣懂得享受工作與生活樂趣的部屬，尤其是興趣廣泛的人更加有趣！

第七型老闆通常都是聰明、反應極快、似乎什麼都懂的人。他對工作的熱情與投入，往往會連帶點燃部屬的活力，卯盡全力地一起為老闆的夢想打拼。但是，並不是每一種性格類型的人都像第七型人一樣，能夠長久地、持續地，而且樂在其中地蠟燭兩頭燒。因此，第七型老闆的部屬很容易把自己累垮，失去工作的動力。

由於長期受到第七型老闆充滿彈性的管理方式，部屬們肩上的責任與日俱增。第七型老闆十分樂意授權，因為這意味著他的責任又少了一些。他喜歡做一位諮詢者，為部屬提供點子或意見，這為他帶來能夠獨當一面的部屬，但是，也很容易造就一群光說不練或投機心重的部屬。

根據「九型性格學」理論，當第七型老闆的性格發展趨向陽光面時，會如性格健康的第五型人一般願意針對某個問題深入思考，並且能

夠堅持理想，不輕易放棄。其實，第七型老闆很懂得運用資源，只是因為性格的影響，讓他沒有耐心等待或是研究改善的方法，以致於常常失去成功的機會。

【如何爭取他的支持】強調你願意負責執行

「機智、大膽、活潑」是贏得第七型老闆認同的基礎功夫，吹毛求疵或是單調無趣，只會讓第七型老闆對你的能力大打折扣。「回應他的熱情」是打動第七型老闆的咒語，只要你表現出欣賞他的夢想，甚至願意幫助他實現理想，保證第七型老闆會開心地將大局交給你，這樣他才可以無後顧之憂地繼續策劃新的點子。

此外，盡量向第七型老闆清楚說明整個任務的責任以及後果，不然當第七型的老闆推諉責任的毛病又犯了的時候，你可能就成為代罪羔羊了。樂觀的第七型老闆對所有事物都抱持開放的態度，此時此刻的點頭微笑只代表此時此刻的認同，並不保證他真的會這麼做。因此，如果你希望第七型老闆能夠實踐他的諾言，不妨請他頒發書面的簽呈或公布書面說明。

最好不要以為第七型老闆說得頭頭是道，你就天真的相信事情真能夠如他所說的水到渠成，他只是省略了中間辛苦的過程與隨之而來的收尾工作——他期待別人會去完成這些細節。第七型人絕對不是你表面上所看到的一派無憂無慮，相反地，他內心懼怕很多事情，最害怕的就是事情不再有趣。

跟隨第七型老闆，絕對會帶給你超乎想像的工作量與樂趣。只要你懂得應付他害怕承擔過多責任義務的性格缺點，第七型老闆給你的舞台將會十分寬廣，一夕爆紅絕不只是夢想而已。

【施振榮：群龍無首的領導哲學】

「領導者要能享受大權旁落的樂趣。」

主張企業結構應該充滿最高彈性的施振榮，其強調「以人為本與創意思考」的領導風格，將第七型人尊重個人自主，崇尚創新變化的領袖氣質，以及相信「人性本善」的樂天性格表露無遺。宏碁的員工是不必打卡的，由此可見施振榮主動對員工展現的信任與尊重，而這也是其他大型企業老闆所望塵莫及的。

● 群龍無首制，分散式授權

施振榮認為，為了即時反應瞬息萬變的商場戰爭，宏碁的每一個關係企業都應當有立刻下達決策的權力，不必通過上級的層層審核。而總公司只提供諮詢或協調，決定權仍掌握在各個關係企業的手上，因此，各個關係企業是獨立經營，盈虧自理。

第七型人會瘋狂地投入他熱愛的工作，但是他不喜歡配合別人，厭惡做事綁手綁腳的感覺。他喜歡把握時機、天才般獲勝的感覺。聰明活躍的第七型人向來不喜歡獨守大局，因為固守在某項已經有規模的工作

上，意味著他無法繼續開發其他的偉大事業。雖然，不斷攀登既有事業的顛峰也是一項挑戰，但是第七型人寧可選擇開創全新的局面。

● 打破一言堂

施振榮並不箝制公司內部的異論，相反地，他還認為公司能有不同的聲音是一件好事。相較於某些容不下部屬異言的保守企業，宏碁能夠不斷地創新求變，應當歸功於領導者寬容開放的胸襟。

第七型人以顛覆階級制度為樂，尤其喜歡扭轉僵化的工作氛圍。此外，第七型人是多焦點的，他可以同時進行兩種以上不同性質的工作，並且樂在其中。他喜歡接受不同的刺激，因為那很可能就是他下一個點子的靈感來源。

● 利益共同體的理念

在宏碁，高階幹部都必須入股投資，雖然許多人對此很不以為然，但是施振榮卻非常堅持。他認為，唯有員工把宏碁的成敗當成是自己的成敗時，宏碁才能永續經營。這種與員工甘苦共享的領導風格，不僅讓宏碁人個個願意為公司拚命，更讓施振榮的「龍夢成真」！

一般來說，第七型老闆傾向分散責任與風險，他十分樂意有人來替他執行點子、共承責任。第七型人和第六型人一樣，都對權威有抗拒心。只是，第六型人對權威採取搖擺的態度，不是順從，便是挑戰；第七型人則藉著分權來打破階級制度，將自己定位成「提供建議的諮詢者」。如此，他既可以保住權威感，又不必完全承擔責任——第七型

人特別不喜歡被迫負責。

7號名人 蔣宋美齡女士、前新聞局長姚文智、諧星倪敏然、義大利藝術家達文西、音樂神童莫札特、物理學家查理費曼、小飛俠彼得潘、埃及豔后佩托拉克、美國諧星金凱瑞、美國影星羅賓威廉斯、美國脫口秀主持人賴利金、〇〇七詹姆斯龐德……等。

第八型 天生領導者

【像這樣的老闆】別說廢話，照我的意思做就對！

帶領部屬如大軍過境般地痛擊對手、剷除所有不公平的現象、創造屬於自己的帝國，是第八型老闆熱衷的事務。他是一位絕對強勢、剽悍好戰，絕不輕易俯首稱臣的領導者，最在乎的就是「他是否已經掌控全局？」對於不夠進入狀況、唯唯諾諾、不敢承擔責任的部屬，他完全無法忍受！他喜歡和他一樣行動「疾如風、快如電」的殺手部隊，言出必行，絕不推諉責任。

第八型老闆通常很有俠客風範，最看不慣偷雞摸狗、欺凌弱小的事情。他是標準的工作狂，因為他對想要做的事情會非常狂熱，甚至會有著魔一般的堅持。但是，並不是每一種性格類型的人，都像第八型人一樣充滿驚人的活力與毅力，能夠經得起百般的挫折，或是長時間工作後仍然精力旺盛。因此，身為第八型老闆的部屬，心臟一定要夠力，才能承受第八型人宛若超級強烈颱風般的衝勁與脾氣！

由於長期受到第八型老闆「中央集權」的管理方式，部屬們個個上緊發條，隨時等待老闆發號施令。第八型老闆傾向以命令取代規定，他不在乎什麼民主道理，只要能夠穩住大局，他樂於當一位獨裁的暴君。第八型人強調力量，這會為他帶來同樣具有膽識、看準時機放手一搏的部屬，但是，也很容易造就一群臣服於威權，不願意坦白

內心想法的部屬。

根據「九型性格學」理論，當第八型老闆的性格發展趨向陽光面時，會如性格健康的第二型人一般開始為他人設想，並且變得溫暖慷慨，願意與人分享一切。其實，第八型老闆並不完全是冷血無情的獨裁者，直爽的他，骨子裡相當天真，只是因為性格的影響，讓他太急迫想要鞏固自身的權力而壓迫到別人。

【如何爭取他的支持】尊重他的力量，也尊重你自己的

「坦白、守信、不退縮」是贏得第八型老闆認同的基礎功夫，拖泥帶水或是意志力不堅定，只會讓第八型老闆對你的能力大打折扣。「尊重他的權威」是打動第八型老闆的咒語，只要你願意忠心耿耿地追隨他，並且不畏他無情挑釁地批評與責難，保證第八型老闆在大罵你之後，仍然會把你當作班底。一旦你為他立下汗馬功勞，優渥的獎賞是不會少的。第八型老闆要開疆闢土，他期待不會背叛他的部屬幫助他守住江山。

此外，盡量向第八型老闆直接清楚地說明你的問題或是要求。第八型老闆沒有耐心推敲細節，玩弄文字或是理論，他要的是直截了當的結果。像個火箭頭的第八型老闆，做事情喜歡「啪——啪——啪」的速度感，因此他通常沒時間顧及別人的感受。如果你的立場真的和第八型老闆不一樣，建議你一定要清楚地解釋為什麼非得如此，然後奮力捍衛你的立場。

不過，最好還是別輕易採取與第八型老闆對決的立場，有時候非關對錯，他只是喜歡粉碎敵人的感覺罷了，因此他會毫不多想，火力全開地擊退與他意見不合的人。第八型老闆生氣起來像一隻暴怒的獅子，常常會故作聲勢、口不擇言，所以也不要太在意他那些難聽的字眼，第八型人的怒火發完就好了。再說，跟一個全憑直覺罵人以發洩滿腔怒氣的老闆計較，只是和自己過不去吧！

【郭台銘：鴻海大軍營的總司令】

「我不知道要如何成功，但我懂得要如何生存。」

主張領導者應該多一點霸氣的郭台銘，其強調「絕對獨裁」的領導風格，將第八型人要求完全的掌控、喜歡正面對決的領袖氣質，以及不容別人反對的獨霸性格表露無遺。鴻海的主管個個皆如履薄冰地行事，深怕稍有差池，郭台銘準要他「提頭來見」。不過，第八型老闆最捨得大手筆犒賞有功的部屬，因為高額獎金而在一夕之間成為千萬富翁的例子，也只有在鴻海才看得到。

● 世界是我的舞台

郭台銘自海專畢業時，就已經下定決心要成為一位舉足輕重的大人物。他從那時起就開始勤練英文簽名，而從他對將鴻海的定位——「台灣第一、亞洲第一、世界第一」，即可以一窺他想在全世界攻城掠

143

地的企圖心。

九種性格類型中，意志力最堅忍不拔的非第八型人莫屬。事實上，許多影響世界命運的歷史人物都是第八型人，他們天生以「造成巨大影響」為樂！第八型人的字典裡沒有「夠了！」這兩個字，對於喜歡的事情，他們會反覆去做，直到精疲力竭還不願意喊停。因此，在事業上，第八型人的目標通常是將對手吞併或是粉碎為止。

● 走動式的指揮

郭台銘認為，製造業的領導者應該和部屬們一起工作，不僅能就近督導，也能即刻研究改良產品的方法。直到現在，郭台銘的辦公室仍然隨時在移動當中，哪個單位的戰況吃緊，他就往那邊去。據說，郭台銘的指揮中心內部陳設雖然簡單，但是，牆上掛滿了地圖與白報紙。郭台銘喜歡在地圖上標示已攻占與未來要攻占的目標，白報紙則是他用來說明戰略的道具。

好戰的第八型人，其領域心非常強烈。不斷擴充領土是第八型人的習性，他們不喜歡固定在一個地方，他們需要不停地移動身體，四處煽動熱情。不管是哪種熱情，只要夠刺激，就能讓第八型人樂此不疲。

● 打不死的蟑螂

郭台銘曾說：「痛苦使人高貴。」一直在逆境中求生存的他，不僅沒有被困難打敗，反而視逆境為寶貴的挑戰。他曾經自比是「打不死的蟑螂」、「台灣的地瓜」，以及「寒冬中的孤雁」。郭台銘白手起家靠

的是實力與努力。

　　第八型人的生存動機十分高昂，他傾向把生命看作是一場捍衛生存的戰爭。許多第八型人都曾經有過一個不愉快的童年，或是曾經歷過一場被傷害到幾乎失去生命力量的劇變。種種打擊，淬鍊出第八型人堅強的鬥志與驚人的求生意念。

8號名人 蔣中正、毛澤東、江青、李登輝、呂秀蓮、侯友宜、吳淑珍、前伊拉克總理海珊、凱撒大帝、「特洛伊戰爭」中的赫基里斯……等。

第九型　嚮往和平者

【像這樣的老闆】讓我們一起來討論看看

　　幫助部屬釐清方向、提供部屬完成工作的一切需要、關心部屬的生活現況，是第九型老闆熱衷的事務。他是一位溫暖大方、幽默風趣、和藹慈祥的領導者，最在乎的就是每一個人是否已經步上生命軌道。對於自大傲慢、激進不服從的部屬，他會不著痕跡地給他們一些教訓，讓他們認清，誰才是老闆！他喜歡和他一樣能謙和地融入團體的部屬，甘願做一個沉默但是重要的小螺絲。

　　你很少看見第九型老闆厲聲斥責部屬，他通常會先不動聲色，直到團體內部出現不滿的聲音時，他才會以間接的方式讓對方知錯。第九型人不喜歡身處衝突之中，當然更不會主動製造衝突。因此，他主張凡事以和為貴，尤其喜歡在聽完多方意見之後，採取一條中庸之道，因為折衷的方法比較不會引起衝突。第九型老闆帶領的公司，通常是一派和氣，但是也有可能是活力不彰、缺乏想像力的工作環境。

　　由於長期受到第九型老闆「充分授權、完全信任」的管理方式，部屬們擁有自由發揮的一片天空。第九型老闆絕不是細節型的人物，他只專注在他企圖完成的大方向上，即使在旁人眼裡，仍然是焦點不清楚的方向。第九型人樂於授權給有能力的人來完成工作，這會為他帶來謙虛有禮、安守本分的部屬，但是，也很容易造就一群不清楚工作進度的無

頭蒼蠅，每天漫無目標地打卡上班。

根據「九型性格學」理論，當第九型老闆的性格發展趨向陽光面時，會如性格健康的第三型人一般開始集中心力在首要事務上，並且變得行動力十足，直接快速地去完成目標。其實，第九型老闆並非不清楚事情的輕重緩急，只是因為性格的影響，讓他容易分心在相關，甚至是無關的事務上。生性怕壓力與衝突的他，面對決策的時刻會更緩慢。

【如何爭取他的支持】讓他感覺安心

「謙虛、溫和、體諒」是贏得第九型老闆認同的基礎功夫，想要操弄權勢或故作強人姿態，只會讓第九型老闆對你的能力大打折扣。「尊重他的意見」是打動第九型老闆的咒語，第九型老闆也許看起來是老好人一個，但是千萬不可以強勢的態度對他，他會比任何性格類型的人都來得固執。只要你認真考慮他給你的建議或是方向，即使你有不同的想法，他都可以包容。第九型人對每個人的潛能有極佳的直覺，因此由他來協調人事，往往事半功倍。

此外，盡量向第九型老闆要求安排定期的會面，如此不僅讓他知道你的工作進度，同時也向他確認整個計畫是否仍在正確的軌道上運作。別把第九型老闆的沉默當作是認可，就算是他開口說「好！」也未必代表他心裡真正的意思。當你真的不確定他的想法時，最保險的方式就是當面與他討論，然後極力找出最可能的答案。對付第九型人常用的方式便是「刪除法」，幫他去除他不想要的答案，如此他的主張便會愈來愈

清楚了。

最好不要看第九型老闆悶不吭聲，你就想拗他或是偷斤減兩地工作。第九型人知道自己保持沉默常讓他人不重視自己，因此他對別人的態度其實非常敏感。第九型人通常是「恬恬吃三碗公」，做任何事都不喜歡招搖，他寧願自己是一個隱形人，這樣他會比較自在一些。所以，即使你真的才華洋溢，在第九型老闆面前，保持低調才是最安全的。

【辜振甫：工商界的外交部長】

「沒有問題時，你們就把我忘掉；有困難時，我一定與你們同在。」

主張「知人、用人、做人」的辜振甫，其強調團隊合作與「以鼓勵代替懲罰」的領導風格，將第九型人親切熱忱、重視默契、包容異己的領袖氣質，以及健談風趣、光華內斂的謙虛性格表露無遺。辜振甫是企業界公認的好好先生，他更以「謙沖致和，開誠立信」作為自己的座右銘。第九型性格的他擁有一股自然的親和力，就連辜汪會議中的江澤民都被他的親切所吸引，兩人在愉快的氣氛下交換意見，更讓會談超過了原本預定的時間才結束。

● 父親的「優等子」

辜振甫出身世家，由於生性聰敏靈巧，特別受到父親辜顯榮的疼

愛，常常把他帶在身邊，逢人便誇他是一位「優等子」。辜顯榮過世後，辜振甫繼承家中不少產業。虛心的他刻苦進修，並肯定基層工作經驗的重要性。他曾說：「一個領導人若得不到同仁的信服，是相當痛苦的。」

因為個性溫順，第九型人很少讓父母操心，通常是家裡懂事又貼心的孩子。在第九型人的內心深處，他害怕被排除在外，所以他希望與別人連結在一起，甚至有些第九型人寧可放棄自己想要的生活，而選擇跟著別人的生活方式過活。不過，當性格發展趨向陽光面時，第九型人不會再一味地抹煞自我，而是溫和堅定地追求自己的夢想。

● 寬容為懷，知人善用

辜振甫大部分的時間都花在會議、談判與人際活動上，至於他的企業王國，他則放心交給信任的人才去管理。據說，他即使人在海外，也甚少以遙控的方式去關心公司的業務，因為公司已有完善嚴謹的制度，一切都有既定的程序。他還曾經對外界幽默地表示：「我發現，我不在國內的時候，業務反而發展得更好，這可能是我的部屬更能自由自在地發揮吧！」

這就是寬容大度的第九型人，完全不以部屬因自我發揮而有更優良的表現為忤，甚至還能大方地開自己的玩笑！第九型人天生可以同時容納兩極，甚至多方的意見，他對每一個立場都能體諒，這讓他們成為優秀的調停人物，在眾多相衝突的利害關係中，為大家找出一條中庸的和

平之路。

● 悠遊自得的人生態度

辜振甫曾說：「只要你不去計較功勞歸於誰，你的成就將會更深遠。」更說：「出資者應該想開一點，為什麼不善用比自己更高明的人來管理，讓他為你及社會創造更多的財富呢？」辜振甫的行事風格，雖然給人輕鬆豁達的感覺，但是實際上，他更是一位投身實際行動的耕耘者。辜老一生在國家、社會、企業界所成就的美事，是令人尊敬的。

性格發展趨向陽光面的第九型人，會如性格健康的第三型人一般充滿行動力，但是卻不會把光芒都攬在自己的身上。他們默默耕耘，不問收穫，只希望世界能如他們期待的一般，美好又和平！

9號名人 國際導演李安、華裔大提琴演奏家馬友友、前暨南大學校長李家同、名模林志玲、前美國總統林肯、前美國總統艾森豪、前美國總統福特、前美國總統雷根、英國女王依莉莎白二世、神話學大師坎伯、主題樂園創始人華德迪斯奈、「星際大戰」導演喬治盧卡斯……等。

Part 4
誰是你的桃花貴人
異性相吸・借力使力

理想崇高者

【他對你有好感嗎？】當他特別挑剔你的時候

注重紀律、具正義感的第一型人，總是給人正派君子的印象。他常常強調要做正確的事情，是非對錯、責任歸屬更要壁壘分明。然而，當你發現，他連洗手巾都有「不容改變」的折法時，你不禁想問，難道他的世界只有一條界線，就是「對」與「錯」的分野嗎？

這就是講究原則的第一型人。他那「非黑即白」的性格特質，造成他習慣以「對」或「錯」兩個標準來評斷事情，不是對，就是錯，沒有灰色地帶。因此，第一型人並不喜歡有太多選擇，這樣會把事情弄得很複雜，破壞了他力求「簡單清楚」的原則。一旦做了決定，他也傾向不要改變。

第一型和第八型、第九型人一樣，都有捍衛「自主性」的問題。第八型人無限擴張自我；第九型人想要跟外界融成一體；第一型人則死守自我防線，不逾越，也不讓步。在感情的世界中，第一型人希望能和另一半分享理想，兩人一起日新又新。所以，他會要求你與他一起成長，不管是學問或是修養。

此外，第一型人喜歡具備多項美德的另一半，因為這樣才能與他這位「聖人」相匹配。只是高標準的第一型人，不僅對另一半「恨鐵不成鋼」，對其他的人也是批評多於讚美。過度苛求別人的結果，付出的代

價是:「賠了夫人又折兵。」長期下來,急公好義變成處處收爛攤子,求好心切反而得負起更多的責任。當他嘴上說:「沒關係!我並沒有在生氣。」其實,自認做了太多事情的他,早已經怒火中燒了。

【如何獲得他的青睞】與他一起樂活

● 如果你是第一型人

Yes:講究環保的「樂活主義」正是第一型人的代表。有了你們這一對,世界會變得更好。兩個人都很努力想成為好公民代表與好家庭模範,彼此欣賞對方的工作熱忱與崇高的理想。

Yes:對「正確」的看法,兩個人也許不同,但是都會十分堅持自己認為正確的方式。雙方都不容易放鬆,尤其在冷戰時,彼此皆以冰冷的目光做無聲的控訴與抗議,這會讓整個關係降到冰點,而且難以打破僵局。

●如果你是第二型人

Yes:不擅社交的他,需要你幫他安排。細心的你,總是能覺察到他的憤怒,即使他已經竭力在控制自己的情緒。你的樂觀與溫暖,讓他感到十分輕鬆。

Yes:他比較重理性,至少,他希望自己表現得如此。所以,收起你的情緒化,或是喜歡討論情緒問題的習慣。他自認就事論事,如果你受不了他的批評,就當作他是「愛之深,責之切」吧!

155

● 如果你是第三型人

Yes：你們對工作都非常投入，而且是九種性格類型中，最注重效率的兩種人。你的樂觀，可以稍稍舒緩他過於嚴肅的態度。他尤其佩服你的社交長才。

Yes：他是一個注重家庭的人，所以他不喜歡你因為工作而忽視家庭。講求完美的他與務求完成的你，對事情完滿的標準截然不同，這也是你們需要溝通的地方。

● 如果你是第四型人

Yes：他和你一樣都極有原則、具理想性。你的忠於自我，讓他有機會學習去瞭解自己的感情。迷人、富創造力的你，剛好能調劑他有時太過認真、不願變通的生活態度。

Yes：最讓他頭痛的就是你的情緒問題。堅強一些，他對事不對人的批評，只是希望你更上一層樓。

● 如果你是第五型人

Yes：你們都是冷靜多過熱情、理智勝過情緒的人。彼此欣賞對方的深度、內涵、道德感，與懂得尊重他人。尤其是你的聰明與開放性的視野，能讓他暫時跳脫固有的樣版思考。

Yes：你強調「慢工出細活」，而一樣講求完美的他，卻是個不折不扣的急性子。不喜歡被約束的你，最受不了他的「必須如何如何」。建議不妨幫助他釐清，在「盡義務」與「忠於自我的選

擇」之間，哪一項比較有意義。

● 如果你是第六型人

Yes：他需要一位並肩作戰的隊友，你的忠誠與責任感，是他心中的最佳人選。樂於支持別人的你，與你願意為信仰或理想犧牲的熱情，都讓他十分欣賞。

Yes：你和他一樣有著鋒利的批評功力。你的情緒化與善變，也讓他有無法預期的挫折感。講求效率的他，有時候會因為你猶豫不決的拖延而失去耐心。

● 如果你是第七型人

Yes：根據「九型性格理論」，你是他心靈成長的方向，因此你的正面性格表現，都是他嚮往的特質。包括：能夠輕易放鬆自己且保持彈性、不被挫折打倒、實踐理想的同時也享受生活。

Yes：喜歡隨興而為的你，常常讓謹慎熟慮的他感到措手不及且憂心忡忡。

● 如果你是第八型人

Yes：他從你身上學習到如何勇敢地表達憤怒。你不受他人與環境的控制，更鼓勵他積極地往目標衝刺。他欣賞你的主動、熱情與勇氣。

Yes：敏感的他，對你的直言批評相當感冒，你的率性而為與不願節

157

制，常常造成他的窘境。當你們兩人發生爭執時，絕對會非常激烈。因此，如果你真的不願意失去他，不妨稍微控制一下你的聲調，放慢說話的速度，盡量保持平和地說出你的論點。

● 如果你是第九型人

Yes：你是天然的撫慰劑。你溫柔閒適的性格，能放鬆他過於緊繃的身心。思想寬容開闊的你，能適時地引領他走出牛角尖。

Yes：你的空想與優柔寡斷會讓實事求是的他抓狂，尤其你有「等待問題自己解決」的毛病，讓行動派的他無法忍受。當他又對你說教或提出要求時，不要一味拒絕，不妨先想想，你是不是答應他很多次，結果卻一再拖延？

【做他的紅粉知己】及早發現他在生氣

第一型人欣賞有專業素養、教養良好的異性，不修邊幅、言行粗俗，或是生活習慣不好的人，不可能獲得他的青睞。第一型人要求公平，因此他會希望另一半也能分擔家庭責任。只是，第一型人的標準往往很高，即使另一半盡心盡力了，還是很難讓第一型人覺得滿意。他總是覺得另一半做的不如自己多。他認為，另一半應該可以做得更好，只是不努力罷了。所以，第一型人常常在不滿的情緒中生悶氣。

第一型人喜歡更正別人的缺點，改進不正確的情況，所以他總是能看見不夠完美的地方，責怪大家為什麼不肯把事情做好。他相信，要

158

是換成他來做，一定可以做得盡善盡美。所以，身為第一型人的紅粉知己，第一條守則便是：「幫助他接受現況。」

可能因為「不想犯錯」的性格，第一型人極不願承認自己的憤怒，因為這代表「一定是哪邊出錯了，我沒有做好。」或是「早知道不該交給別人來做，看現在情況多糟。」第一型人通常會鐵青著臉，一邊批評別人的缺失，一邊懊惱自己的錯誤決定，但是又礙於自認是有修養的人，所以不能大發雷霆。久而久之，憤怒的情緒便鬱塞在心中。

當第一型人開始不滿時，你可以……

首先，就由一句誠心的讚美開始吧！如果你是要幫助他排解工作上的鬱卒，不妨就讚美他的工作態度或是成果。然後，精準客觀地轉述你所知道的情況，確認這也是他所知道的情況，還是他有不同的解讀。

為了不讓情況淪入他習慣的「只有對或錯」的思考架構，你要盡量避免用「對」、「錯」這兩個字眼。同時，讓他覺得，他對眼下的情況仍然握有掌控權與修改權，只是他需不需要把時間花在這裡，還是將精力投注在另一件剛開始進行的工作。

別忘了，你的態度一定要充滿誠意，而不是敷衍安慰、覺得沒什麼大不了的口氣，因為第一型人是比較嚴肅的性格類型。

第二型 古道熱腸者

【他對你有好感嗎？】當他送小禮物給你時

笑臉迎人、熱心公益的第二型人，總是給人好人緣的印象，他常常搶先去歡迎部門裡的新人，或是新搬來的鄰居。然而，當你發現，他似乎都是迫不急待地想向別人伸出援手時，你不禁想問，難道他自己連一點需要或是問題都沒有嗎？

這就是有求必應的第二型人。他那「捨己為人」的性格特質，造成他辛苦地為別人付出，反而忽略了自身的需要。只是當別人並不感激他的奉獻時，他會相當地失望與生氣。第二型人相信：「有給才有得。」他一心滿足別人需要的背後，其實隱藏著一顆渴望被愛的心。

第二型和第三型、第四型一樣，都有對「自我形象」的認同問題。第四型人堅持要「不一樣」的自我形象；第三型人追求「成功者的形象」；第二型人則是在別人的讚美聲中找到自我形象—— 一個偉大又仁慈的「行善者的形象」。而在感情的世界中，第二型人會化身成「拯救者」的形象，要幫助另一半脫離苦海。

此外，第二型人喜歡充滿挑戰性的感情對象，因為這樣他才有機會證明自己能夠為愛犧牲。第二型人需要另一半強大的注意力，他害怕被遺棄，害怕不被喜愛，因此他會想盡辦法，牢牢抓住另一半的心。第二型人過度在乎別人，付出的代價是：「忘了自己是誰。」長期下來，熱

心變成掌控，服務變成交易。當他嘴上說：「沒關係！舉手之勞，別放在心上。」如果，你當真沒把他的幫忙放在心上的話，他肯定會在別人面前指控你沒良心。

【如何獲得他的青睞】和他聊關於「人」的話題

● 如果你是第一型人

Yes：你的堅定與值得信任，讓他非常有安全感。他喜歡你的理想性與對社會大眾的使命感，能和你交往，讓他覺得與有榮焉。

Yes：看起來好脾氣的第二型人，其實非常受不了直接的批評。而你的不習慣表露愛意，讓他感到十分寂寞。第二型人需要另一半的注意與陪伴，雖然他表現得好像是在陪伴你。

● 如果你是第二型人

Yes：你們都非常熱衷家族聚會，也都相當重視朋友，因此你們會有許多共同的興趣與活動，兩個人的生活會緊密地重疊在一起。

Yes：第二型人習慣為另一半著想，因此你們都很難向對方說出內心真正的需要，常常暗自揣測對方的心意，導致兩個人很難做出決定。兩個人都需要別人的注意力，有時會暗自較勁而讓另一方嫉妒。

● 如果你是第三型人

Yes：風度翩翩又事業有成的你，是第二型人非常滿意的對象，他尤其欣賞你的樂觀、自信，與積極的人生態度。兩個人的朋友都非常多。

Yes：你太投入工作，常常忽略了需要心靈撫慰的他。當你們有爭執時，不要急著為你自己辯護，不妨先詢問他的感受。受到注意的他，會逐漸回復「為人著想」的心境而開始體諒你。

● 如果你是第四型人

Yes：第四型人通常能觸摸到別人的本質，這會讓第二型人非常的感動，覺得自己受到了極佳的重視與注意。你的熱情與慈悲，讓同樣具有悲憫胸懷的他更感到心靈相通。

Yes：你喜歡偶爾與三、兩好友聚會，但是外向的他卻需要常常與朋友哈拉聊天，不熟的朋友也無所謂，反正「一回生、二回熟」。你的優越感，會讓他覺得過度挑剔；你的敏感，在他看來有點兒太過鬱悶。

● 如果你是第五型人

Yes：你們彼此互補。你的沉著與安靜，讓向來喜歡熱鬧的他覺得充滿挑戰性與新奇感。你的關注自我，正好教他如何建立「個人藩籬」，學習適度地拒絕別人的要求。

Yes：你的理性與冷靜，讓需要常常擁抱或愛意的他感到被遺棄。不

要因為他的情緒化而看輕他，他就是這麼一個容易被感動、心腸柔軟的人。

● 如果你是第六型人

Yes：你的誠實，讓他也學會誠實面對自己的感覺，這對一向忽略自我需要的第二型人，是一大成長。你的忠誠，讓他更加肯定你是可以依賴終生的伴侶。

Yes：第二型人不常花時間做深入思考，所以你的分析推敲與專注理論性，會讓他感到非常焦慮。而你習慣性的悲觀，會讓生性樂觀的第二型人感到消極與不安。

● 如果你是第七型人

Yes：你們兩人有許多共同點，尤其你擁有許多他嚮往的特質：迷人、有趣、敢為自己而活。他以你的聰明為傲，更以能參與你偉大的夢想為榮。

Yes：你的高度自主性，難免讓他感到不被尊重，尤其是你比他更需要大眾的目光，讓他倍感威脅。不要總把話題圍繞在你的身上，撥點時間去關心一下他的感受吧！

● 如果你是第八型人

Yes：你和他同樣喜歡身體上的接觸，這對第二型人來說，是一大解脫。因為像第一型或第五型人，就不習慣太親密或頻繁的肢體

互動，第二型人會解讀成一種拒絕親密連結的暗示。此外，第二型人雖然喜歡服務他人，但是他內心仍渴望有一位溫柔的守護者，永遠不會離他而去。

Yes：你的強勢與咄咄逼人，會頓時激發他內心深處自覺微小脆弱的恐懼。受創的他，會表現出與你一樣激烈的情緒。不妨多學學他為人著想的美德吧！這對第八型的你來說，是提升心靈成長的一大捷徑。

● 如果你是第九型人

Yes：你比他更會抹煞自我的需要！因此，他與你在一起，反而能暢快地表達自我。他喜歡你的親切、親密與懂得感激。你的安慰，讓他特別有被愛的感覺。

Yes：不要以退縮或冷戰的方式來面對彼此的不愉快，這會讓需要把心事說出來的第二型人特別感到難受。生氣時，你可以冷淡與無動於衷，但是不妨想想，你負的責任、為彼此做的事，有比他多嗎？

【做他的紅粉知己】論件地謝謝他的幫忙

第二型人總是被體型姣好、才華出眾，或是楚楚可憐的異性所吸引，但是如果對方不能欣賞他的付出，那麼第二型人遲早會將注意力轉移到別的異性身上，因為第二型人需要懂得感恩的另一半。此外，第二

型人希望能夠影響另一半，所以他會讓另一半生活在他的「精心服務」之中。例如：幫另一半打點穿著、照料生活細節、打掃洗衣、當跑腿……長期下來，另一半不能沒有他，而第二型人也樂在其中，因為這意味著他將永遠被需要，不會被遺棄。

第二型人永遠伸長著觸角去探測別人的喜好，這樣他才能夠把握要點，迅速地讓對方喜歡他。第二型人潛意識裡有一種優越感，認為自己有能力去幫助別人，是一件值得驕傲的事。因此，他更不敢先去滿足自己的需要，凡事以別人的需要為優先。所以，身為第二型人的紅粉知己，第一條守則便是：「鼓勵他也接受別人的幫助。」

可能因為自認「我很好，不需要幫忙」的性格，第二型人一旦心情不好，他不會哭喪著臉四處求救，相反地，他會表現出緊繃式的情緒高漲，可能是笑聲比平常更大聲，或是動作更誇張，同時會更想要獲得別人的好感，這一切只為了安撫他內心的焦慮。

當第二型人向你抱怨第三人時，你可以……

首先，一定要保持友善與樂觀的態度，並且向他強調，這絕對是一次私人的會面，你不會讓第三人知道。同時，不要把你知道的訊息或想說的話一次說完，留一點機會等他發問後，你再回答。第二型人喜歡搞小團體，喜歡製造、發現、傳布祕密。

接著，肯定他的付出已經對別人造成影響，並讓別人做了正面的改變。談話中，記得頻頻詢問他的感受，因為第二型人需要被注意。

別忘了，表明你站在他這邊的堅定立場，讓他知道，你真的覺得他是個大好人！

第三型　成功追求者

【他對你有好感嗎？】當他把你當成一個目標時

　　講求效率、充滿幹勁的第三型人，總是給人很有能力的印象，尤其當他又完成一個目標時，他全身散發出來的光彩，很難不感染身邊的人。然而，當你發現，他總是為了工作而爽約時，你不禁想問，在他心裡，你和工作究竟哪一個比較重要？

　　這就是成果導向的第三型人。他那「求好心切」的性格特質，造成他重結果勝於過程，看到華麗成功的表面就覺得足夠。他不想去碰觸內心的感受，因為他要把有限的時間，花在能創造更多實質效益的地方。只是太想成功的結果，讓第三型人失去的不只是自我，還有可能失去寶貴的友情、愛情與親情。

　　第三型人和第一型人一樣，都是追求完美、注重效率的人。只是，第一型人堅持要以正確的方式做事，第三型人則是在體制邊緣遊走，只求不犯規。懂得運用手腕與資源的他，在愛情方面，也是一樣講求效益，絕對不能白花力氣。第三型人喜歡打有把握的仗，一來勝券在握，二來不會丟臉。愛面子的他可能會讓你覺得壓力很大，但是，想想他為了搏你的歡心而擺的排場，你是否心軟了呢？不過，他認為你應該要感動得掉淚才對。

　　此外，第三型人是行動派，在感情上，他傾向「以行動來示愛」。

他認為，給另一半一個優渥舒適的生活，比每天陪另一半聊心事，要強上一百倍，能讓另一半穿金戴銀，才是愛的極致表現。第三型人若過度追求功利與名聲，付出的代價是：「成為工作的機器。」長期下來，另一半會離他愈來愈遠。當他嘴上說：「沒關係！等我完成這個任務後，我可以放個假，把愛情彌補回來。」其實，就算去度假，除了你，他也會帶著公事包一起去旅行。

【如何獲得他的青睞】讓自己更有價值

● 如果你是第一型人

Yes：你們是九種性格類型中，最講究效率的兩種人。他欣賞你願意不斷進步的決心，與追求理想的意志力。你的實際，在他看來相當可靠。

Yes：大方地讚美他吧！雖然你的標準很高，但是，他就算沒有功勞，也有苦勞，更何況他非常努力地在為你們打拚。

● 如果你是第二型人

Yes：支持他、讚美他、滿足他，他需要熱烈的掌聲，相信你絕對不會吝嗇。保持你愉快與體貼的性格，他希望有一位能讓他的事業如虎添翼的另一半。

Yes：你太想要他注意你了！你的情緒化讓他卻步，尤其當他沒有照

著你的要求去做時，你的憤怒會讓他只想埋首工作。

● 如果你是第三型人

Yes：你們都是「外貌協會」的一員，也同樣熱衷運動與工作。喜歡一起參加聚會，讓你們顯得夫唱婦隨。

Yes：不要與他競爭，既然相愛，何苦相爭。最好兩人協議出固定相處的時間，不然，你們皆會因工作而忽略對方。

● 如果你是第四型人

Yes：你的獨特性與優雅品味，讓他以你為榮，尤其是你的熱情與真誠，讓他喜歡帶你出去應酬。因為受你「個人主義」的影響，他終於可以稍稍放下別人對他的想法，學習專心做自己。

Yes：你心血來潮的隨興主義，有時會讓好面子的他感到窘迫。他很怕受到情緒的干擾，也不喜歡被人批評為膚淺功利。即使他真的是那樣世俗化，他寧願你欣賞他的衝勁與成功。

● 如果你是第五型人

Yes：你豐富的知識讓他佩服，尤其你特別尊重個人意志，讓他可以專注在工作上。機智的你總有獨到的見解，他欣賞有趣又友善的異性。

Yes：你的不修邊幅，讓他覺得不夠體面。遇到壓力容易退縮的你，也讓他覺得你太消極、缺乏鬥志。尤其是你的不愛交際，更讓

身為「社交之星」的他感到無奈與無趣。

● 如果你是第六型人

Yes：他喜歡你的忠心與良心，你的天真與幽默感，能讓他暫時忘卻
壓力。最重要的是，他感激你能看到他真正的價值，而不是被
他的地位所打動。

Yes：不要讓你的焦慮和悲觀牽絆著他。他習慣看事情的光明面而且
即刻採取行動，猶豫不決只會讓他抓狂。

● 如果你是第七型人

Yes：他欣賞你懂得享樂的人生態度，總是精力充沛地找他一起從事
新奇有趣的活動，讓他工作之餘的時間變得多采多姿。

Yes：你的善變與缺乏責任感，讓講求效率的他十分頭疼。不要粗魯
地打斷或批評他，他和你一樣都自以為很聰明，而且他的自尊
心是不容踐踏的。

● 如果你是第八型人

Yes：他佩服你不畏懼眾人眼光或意見的自信，不妨多鼓勵他和你一
樣，誠實地面對自己與大眾，你會發現，其實滿腦子想發達的
他也有赤子之心。

Yes：不要嫌棄他膚淺，他只是不習慣為別人著想。如果你的言行太
富侵略性，在外人面前總是彬彬有禮的他會相當反感。

● 如果你是第九型人

Yes：從他身上，你找到嚮往已久的行動力。而你的不評斷與慢步調，也給他一個喘氣的空間，讓他與你在一起時，能夠完全地放鬆。

Yes：他喜歡每一件事都清楚明確，當他無法確定你真正想要的事情時，反覆的猜測會讓他失去耐心。

【做他的紅粉知己】把他當成你的偶像

　　第三型人適合能夠欣賞他努力工作，不會抱怨沒時間相處，而且帶得出去交際應酬的另一半，尤其是如果另一半能夠協助他的人際關係更上一層樓，那就太完美了。第三型人喜歡和別人比較，因此在選擇對象時，他比較容易被對象本身之外的特質所吸引，比方說，學歷、長相、社會地位、家庭背景……等等，而不是以彼此是否相合，或是有多少愛意來考慮。

　　第三型人追求成功，在感情方面，他也不容許自己嘗敗仗。他會模仿他心中認定的「理想情人的角色」，竭盡所能地取悅另一半。然而，如果另一半不領情，第三型人會認為是自己所選用的「角色」有問題，他會立刻換演另一個「角色」。第三型人忙於「角色扮演」，因此他很少有機會認識自己真正的特質。所以，身為第三型人的紅粉知己，第一條守則便是：「欣賞他的本質，不要被他的演出所迷惑。」

　　可能因為「強調成果」的性格，第三型人一旦心情不好，他只會

想趕緊擺脫這個讓他喪失行動力的壞情緒，而不是坐下來向內自省，找出影響心情的原因。有趣的是，或許第三型人也潛意識地瞭解自己的問題，他其實很容易感覺到旁人認為他膚淺。不妨鼓勵你的第三型人，偶爾做一些跟成功不相關的事情，例如：隨意散步、發呆、與寵物聊天……等。

當第三型人太埋首工作時，你可以……

首先，還是建議你等他的工作告一個段落時，再找他談你想談的私事。主動告知他，你想找他談，你知道他很忙，所以由他來決定時間。盡量以「能增進彼此溝通效率，或可以幫助彼此發展」的誘因，來說服他撥出時間。要記得，第三型人很少做沒有明確目的的事情。

在談話時，先肯定他的辛勤工作，並舉出某個他也欣賞的「模範角色」來說服他。比方說，你希望他忙於工作之時，也別忽略了你。你可以找一位這樣的「典範」，讓他有具體可模仿的對象。

別忘了，第三型人是喜歡競爭的，說明你相信他一定可以比你舉例的「典範」做得更好。不要一開始就把你想達到的理想境界向他說，太多的改變與努力，會讓他覺得遙不可及。不妨由你設下階段性的目標，然後請他與你一起努力，一次努力一個目標。

第四型　個人風格者

【他對你有好感嗎？】當他對你十分熱情時

　　說哭就哭、說笑就笑的第四型人，總是給人很感性的印象，尤其當他覺得感覺對了的時候，他會掏心挖肺地把自己全部的心事與祕密都說出來。然而，當你發現，他時而熱情洋溢，時而冷淡以待，你不禁感到疑惑，他到底是想靠近你？還是希望你走開？

　　這就是活在心情當中的第四型人。他那「忠於自我」的性格特質，造成他強調自我的獨特性、喜歡順著心情行事、討厭虛偽造作。只是，太過注重感覺的結果，讓第四型人容易被情緒左右。面對真愛時，過多的情感，反而增加了無謂的起伏，忽略了簡單的幸福。

　　第四型人和第六型人一樣，都夢想有一位強者能出來拯救他們，只是，第六型人追求的是支持，第四型人要的是愛。有趣的是，一旦強者出現了，這兩種人又會對這位強者產生矛盾的情感。第六型人會懷疑強者想要控制他；第四型人則會考驗強者是不是真心愛他。雖然第四型人讓另一半覺得很難掌握，然而一旦他對你動了真情，你們的戀情將會如交響樂般波瀾壯闊。當然，中間一定會穿插幾次低潮。太過順利的愛情路，無法激發第四型人的熱情。

　　此外，第四型人對美有自己獨到的標準，他也許不是從事藝術工作，但是他會透過某種跟美相關的方式或是興趣來抒發自我。第四型人

173

太專注在「做自己」這件事情上，付出的代價卻是：「看不見真正的自己。」長期下來，第四型人以「不一樣」來將自己與大眾區隔，反而給人造作的感覺。當他嘴上說：「沒關係！這就是我。」其實，他正暗自擔心自己的缺點會被別人發現。

【如何獲得他的青睞】做你自己

● 如果你是第一型人

Yes：根據「九型性格理論」，第一型人是第四型人心靈成長的方向，因此，你有許多美好的特質是他所需要的，例如：實際、有組織、注重承諾與義務……等。喜歡鞭策自我的你，願意陪他一同參加文化活動，這會讓他更加覺得你具有知性的深度與魅力。

Yes：不要給他臉色看，驕傲的第四型人受不了自尊被踐踏。不妨試著去欣賞他對感情的敏銳度與表達方式，因為你的不善表達感情，正是你們戀情的致命傷。

● 如果你是第二型人

Yes：他喜歡隨時有被愛的感覺，而你絕對能滿足他對愛與關懷的渴望。悲觀的他，需要你的熱情與活力，來照亮他多愁善感的人生觀。

Yes ：他需要一個傾聽的對象，只是熱心幫忙的你，常常不由自主地想主導他，這會讓他非常反感。你可以帶給他歡樂，但是當他堅持沉浸在憂鬱時，你不要急著想去「救」他，他需要偶爾半死不活一下，好幫痛苦的情緒找出口。

● 如果你是第三型人

Yes ：迷人又懂得體貼的你，讓他感到被人捧在手心般受呵護。你的樂觀與自信，正好可以平衡他略帶退縮的陰鬱性格，幫助他完成創作的靈感。他習慣隨興而為，你正好可以協助他定下計畫性的目標。

Yes ：他喜歡真誠的人，所以，不妨向他學習誠實地看待自己，不管是優點或是缺點。當他處在痛苦的情緒時，不要提供他一些既膚淺又簡單的脫困方式，這只會讓他覺得你根本不瞭解他的感受，甚至不用心。

● 如果你是第四型人

Yes ：你們能夠一起分享並回應彼此內心深處的情感。同樣愛好藝術與擁有創作的熱忱，你們兩人在心靈契合的程度上，是名副其實的「靈魂伴侶」。

Yes ：當敏感的兩個人都在情緒當中時，誰也沒有能力與耐心為對方提供感情的依靠，糟糕的是，這種情況還經常發生，造成兩個人都無心工作，甚至正常生活。

● 如果你是第五型人

Yes：你們都嚮往「波西米亞人」般的自我放逐與不受羈絆。你的好奇與探究心，正好滿足他期待有人揭開他的神祕面紗、解讀他內心密碼的需要。他尤其欣賞你的客觀與公平。

Yes：你刻意保持距離，會讓他以為是自己的缺點讓你反感，並因此感到自卑。比較不修邊幅的你，會讓事事講求品味的他倒胃口。

● 如果你是第六型人

Yes：你們兩人可以說是一對害怕被遺棄的苦命花，因此你們很懂得安撫對方焦慮的心。你的機智與幽默，讓他覺得自在而且真誠。在他眼裡，你的猶豫多變，反而成了一種難以捉摸的吸引力。

Yes：你的缺乏信心，讓期盼伴侶強而有力的他感到失望；你的反覆不定，連帶影響他的情緒，讓他既苦悶又緊張。所以，堅定你自己，同時也不要打擊他的自信，你們可以是出色的一對。

● 如果你是第七型人

Yes：鬼點子超多的你，把他的生活點綴得更加活潑有趣。你的精力與熱情，能讓他的憂鬱一掃而空。他對你過人的聰敏、好奇心與想像力，感到不可思議的吸引力。

Yes：他是憂鬱的受害者，所以不要因為他的情緒變差了，你就想落跑。相反地，不要否定他的痛苦，也不需要鼓勵他積極一點，

你只要陪伴他，與他一起向內做深度探索，你會發現，自己也有驚人的心靈成長。

● 如果你是第八型人

Yes：你的堅定，是他在情緒混亂中的依靠，他喜歡與你一起挑戰生活，尤其欣賞你的率真與不虛偽。藉由你的力量激勵他的創作，你的野心將開闊他的視野。

Yes：他喜歡優雅和細緻，你即使裝不出來，也不要表現得太過粗魯或無理。他既脆弱又敏感，所以不要以你打擊對手的方式去傷害他。他已經向你展示他內心最柔軟的部分，你也可以以溫柔回報他。

● 如果你是第九型人

Yes：你是一位願意用心的聆聽者，不批評、不企圖改變他，你的寬容讓他覺得仍能保有自我。你和善有禮，並且喜歡和另一半親密結合，這些都是他欣賞的特質。

Yes：他喜歡享受生命中的痛，但是你總是傾向把不好的回憶掩蓋起來。你的溫和，有時讓他覺得太普通。別忘了，他是多麼嚮往不平凡的戀情與人生。

【做他的紅粉知己】不要被他的情緒打敗

第四型人適合穩重、能夠忍受他情緒化的另一半，只是他常常會被個性活潑，或是充滿挑戰性的對象所吸引。第四型人是最忠於自我的人，因此他寧可選擇自由或是最愛，也不會繼續忍受沒有感情的關係。只是，第四型人厭倦一段感情的速度也會出乎你的意料，畢竟他是隨著感覺而生活的人，一旦感覺不對了，就什麼都沒有了。

第四型人追求完美，在感情方面，他傾向美化另一半，拒絕接受另一半的缺點。因此，他對另一半的態度是曖昧的，有時愛得要命，有時又想離開，尋找更好的對象。只是他常常在失去舊情人後，才驚覺「舊愛仍是最美」。所以，身為第四型人的紅粉知己，第一條守則便是：「處變不驚，不屈不撓。」

可能因為「想要跟別人不一樣」的性格，第四型人花很多心思去塑造「自我」，也許是穿著打扮別樹一格，也許是講話內容語出驚人，甚至是個人的歷史都可以大做文章。他強調不造作，因此，偶爾會做出一些讓旁人感到難為情的大膽行徑，比方說，當眾嚎啕大哭，或是忘情地擁吻另一半。不過，第四型人通常會以自己能擺脫傳統束縛而感到自豪。

當第四型人感到低潮時，你可以……

首先，不要指控他任何事，營造「瞭解與體諒」的氣氛非常重要。你只要耐心地傾聽，不要打斷他，也不要質疑他，直到他明示或暗示他

說完了。千萬要讓他感覺到你的真心誠意。

接著，多多以「感性」取代「理性」的詞彙；比方說：「我想，你應該不希望有這種感覺……」、「這讓我感到……」。第四型人是感覺的動物，對他來說，他的感受才是真實的、可碰觸的，你向他講人生大道理，無疑是投石入海，激不起半點水花。

別忘了隨時注意他的情緒變化，同時讓他感到選擇權在他手上，由他來決定要以哪一種情緒來過日子。給他足夠的關懷與注意，可以幫助第四型人暫時脫離自暴自棄的苦海。

第五型 博學多聞者

【他對你有好感嗎？】當他願意讓你瞭解他時

話不多、一開口常常語出驚人的第五型人，總是給人沉思內斂的印象，尤其當他遇到麻煩時，他寧願一個人關起門來好好想清楚，也不願意找人出主意。然而當你發現，他對你好像也刻意保持某種距離時，你不禁會懷疑，他到底喜不喜歡你？

這就是低調神祕、重視知識力量的第五型人。他那「不想被打擾」的性格特質，造成他的自我保護意識特別強烈，喜歡獨處、不熱衷社交活動。只是過度的自己保護，讓第五型人更不擅於表達情感，他對自己有興趣的題材可以口若懸河，面對心愛的人，卻總是「愛你在心裡口難開」。

第五型人和第八型人一樣，都希望保持自我的獨立性，只是強勢的第八型人拚命擴張自己的權力，摧毀外來的侵略；低調的第五型人選擇隱身於自己的城堡當中，自給自足地生活，以減少外來勢力的入侵。第五型人害怕自己的情緒被別人控制，所以，他不敢去愛，不敢去涉入別人的生活。然而，一旦他願意對你付出感情，他的占有欲將與日俱增，因為除了你，他可能沒有其他的感情寄託了。

此外，第五型人的物質生活通常十分儉樸，他注重的是精神層面的豐富性。他也許不擅於談情說愛，但是他會以行動來表達對你的情感。

他很樂意與你共度一個安靜的晚上，當然，前提是得在他不想獨處的時候，或是，兩個人各自安靜地做自己的事情。第五型人不希望情緒受到波動，付出的代價卻是：「情感麻痺症」。長期下來，第五型人會拙於表達與溝通。當他嘴上說：「沒關係！我一個人可以過得更自在。」其實，他看起來灑脫不羈的外表下，隱藏的是一顆渴望與人分享的心。

【如何獲得他的青睞】說些有智慧的話

● 如果你是第一型人

Yes：你擁有客觀、獨立、謹慎與深思熟慮的態度，與他不謀而合。不擅長社會活動且拙於處理生活細節的他，更需要你事必躬親的長才。

Yes：你的世界有太多的「應該」與「必須」，容易帶給別人壓力，這種壓力會讓他消失。

● 如果你是第二型人

Yes：你擁有讓人喜歡自己的天賦。你的仁慈與寬大，能融化第五型人的冰山。不妨用心去欣賞他的機智與穩健，尤其是你不擅長的「思考」這檔事。

Yes：收起你黏人的本事，尊重他三不五時需要獨處的本性。不要強迫他陪你參加所有的社交活動，這會讓不愛曝光的他感到相當不自在。

● 如果你是第三型人

Yes：高效率的你和他一樣，痛恨浪費時間在不值得的事情上。你充沛的行動力讓他羨慕；你為自己定下明確的目標，並能清楚地表達自己的想法，這都讓他認定你是一個聰明人。

Yes：你們的價值觀有很大的不同，不要拿世俗的功成名就來壓制他，他並不太在意社會的包袱。他重視心靈的交流，這卻是你不太擅長的部分。

● 如果你是第四型人

Yes：除了對感情強度的需要各走極端，你們兩人其實擁有很多相似之處。不妨把你追逐感情的熱忱，轉化成一股力量，幫助他勇於表達自己的感情，這樣，你們會有更多富有挑戰性、並且可以共同討論的話題。

Yes：你多變的情緒是他的惡夢。他也許是一個不錯的聆聽者，但是卻無法體會你的感受。所以，不要堅持與他分享你所有的苦惱，更不要和他玩躲迷藏，他會比你躲得更久，讓你永遠都找不到。

● 如果你是第五型人

Yes：你們都不需要刻意地陪伴對方，所以相處起來覺得特別輕鬆。兩人都尊重彼此對時間與空間的堅持，雙方都能帶給對方新奇的觀點。

Yes：兩個人的言詞都相當犀利，也都習慣以冷漠當武器，造成更難以彌補的間隙。細心的你們，很容易在對方身上觀察到自己不願意面對的黑暗面。

● 如果你是第六型人

Yes：你的忠實，讓外表冷靜、內心恐懼的他非常有安全感；你保守與熱情兼具的性格，更引起他的好奇心。你們都很好奇、好學，而且好焦慮，兩個人有很多知性的話題可以聊。

Yes：不要一再地要求他的保證，承諾對第五型人來說是「一諾千金」，講過的話不需要重複再說，既無力又無聊。你一下依賴，一下又專制，這樣反覆的性格常常讓他摸不著頭緒而感到疲累。

● 如果你是第七型人

Yes：你的無憂無慮，正好可以激發第五型人陽光單純的一面；你的輕鬆自信，讓受壓抑的第五型人也想率性而為一番。保持你的有趣和好奇，第五型人的世界將會帶給你更多的驚奇。

Yes：你的不守信、不守時、不按牌理出牌，讓神經脆弱的第五型人飽受驚嚇。他需要你多一點的耐心，等他思考清楚，不要不給他機會開口辯護。

● 如果你是第八型人

Yes：你們都極力想保持自我的獨立性，只是運用的方法不同。根據「九型性格理論」，第八型是第五型心靈成長的方向。因此，大方展現你那強而有力的自我吧！第五型人不會像他人一樣對你皺眉，相反地，他會懂得欣賞。

Yes：不要以攻擊性的言詞砲轟他，那會把他逼到喪失理智，使他狠狠地失態，又或許，他就是冷漠地走開，讓你更加生氣。有時候你太粗心，無法體會到他細膩的想法。

● 如果你是第九型人

Yes：你的「不逼迫」對他來說簡直是天賜的恩典；你的包容與喜歡探索各領域的知識，讓他感到自由與有趣。你很能享受「盡在不言中」、「心領神會」的感覺，這正是他習慣的感情表達方式。

Yes：你喜歡和另一半二十四小時黏在一起，這會讓他發瘋。和他聊天時，最好還是有個主題，他不習慣漫無邊際的閒扯。不要太快附和他的論調，第五型人喜歡聽見你內心真正的見解。

【做他的紅粉知己】懂得適時地走開

第五型人適合獨立、懂得尊重個人空間的另一半，不然，他很可能會在婚姻的枷鎖裡悶悶不樂，覺得為家庭犧牲太多個人的自由。在他的

眼裡，你的要求或是熱情，都只是想要得到他的注意罷了，因此他會刻意與你保持一點距離。所以，讓他保有適度的個人空間吧！不要以為你可以「感染」他加入你的活動，你愈熱情，他會愈想逃。

第五型人對感情的反應。並不如他思考事物那般靈活，突如其來的事件，往往讓他不知所措，甚至腦子裡一片空白。等他晚上回到家裡，反覆思索白天發生的狀況時，他才能有所反應，雖然往往已經錯過了最佳的解釋時機。所以，身為第五型人的紅粉知己，第一條守則便是：「避免讓他當眾表態，除非你已經事先給他時間思考。」

可能因為「不想麻煩別人」的性格，第五型人面對人際關係是封閉的，他很少全面開放他的相關資訊，甚至也不太願意分享自己的想法，因此，當有誤會發生時，這種「懶得多做解釋」的性格，常常造成人際關係的緊張。

當第五型人過度自我封閉時，你可以……

首先，向他明確地表示，你將花多少時間來與他談這件事，十分鐘、二十分鐘都行，不要讓他覺得「好像永遠不會結束」就好。

接著，清楚簡短地陳述目前的狀況，不要加油添醋，更不要以情緒性的字眼，那只會讓他想躲回自己的世界。誠實地說明你的想法，並且解釋你的作法可能伴隨而來的結果或是影響力，讓他自己做決定。和他談話時，適時地停頓，給他時間反芻你的話。

除非他主動表達出他的情緒，不然請收好你的情緒，讓他不受打

擾地思考。如果他需要一段緩衝時間，你不妨盡量配合。對第五型人來說，自己的問題自己處理，這是最能令他感到心安的方式。

第六型　謹慎忠誠者

【他對你有好感嗎？】當他常常詢問你的意見時

考慮再三的第六型人總是給人想很多的印象，尤其當他面對選擇時，他習慣找人商量討論。然而，當你發現，他幾乎大小事都喜歡徵詢別人的意見時，你可能會感到疑惑，難道他真的不知道自己想要的是什麼嗎？

這就是思慮周密，潛意識裡總在找依靠的第六型人。他那「安全第一」的性格特質，造成他的憂患意識特別強烈，喜歡找出一堆潛在問題讓自己煩惱。只是，偶爾當問題真的發生時，第六型並不會沾沾自喜，反而會更焦慮，擔心不知道還會發生什麼事？

第六型人渴望安全感，他要隨時確認自己的處境究竟安不安全。因此，除非經過再三的思考，或是已經肯定對方的心意，不然，一般第六型人對感情的態度是相當保守的，常常等到對方已經明白示愛了，他才願意踏出一小步。第六型人喜歡質疑一切，因此，身為他的另一半，你必須堅定地幫助他肯定某個選擇，不論是工作，或是愛情……

此外，第六型人習慣將自己內心的恐懼投射到別人的身上。比方說，當他的心意動搖時，他會先懷疑你是否已有二心，他會私下觀察你的言行舉止，並四處蒐證來強化這個念頭。為了確保自己不會被拋棄，第六型人選擇對另一半忠心耿耿，而付出的代價卻是：「為了別人而拚

命。」長期下來，第六型人已經習慣依賴另一半。當他嘴上說：「沒關係！我的事可以自己處理。」但是，如果你真的放他一人孤軍奮戰，那他在內心鐵定會怪你無情無義。

【如何獲得他的青睞】讓他感覺你很真

● 如果你是第一型人

Yes：幫助他釐清事情的先後順序並一一做出決定，對你而言應該是輕而易舉的事情。你的堅持原則與腳踏實地，讓他十分欣賞，同時也感到非常的安心。

Yes：你習慣隱藏讓你發火的原因，這會讓本來就喜歡胡思亂想的第六型人，陷入瘋狂的猜測當中。不要對他太過嚴苛，第六型人已經夠緊張的了，你的批評只會讓他心生反抗。

● 如果你是第二型人

Yes：第六型人需要強大的安全感，他需要被人深深的喜愛，而這些剛好都是你的天賦。你溫暖的擁抱與支持，會讓他永遠都沒有辦法離開。

Yes：他對虛情假意十分敏感，他在心裡會忍不住懷疑你是否也在敷衍他？所以，收起你的長袖善舞與想要他回報的企圖。答應他的事情，一定要想辦法做到。

● 如果你是第三型人

Yes：你的自信與樂觀是他渴望的特質，你擅長激發別人的潛能，更讓他羨慕不已。幫助他看見光明的未來，鼓勵他勇敢追求理想，你就是他的英雄了。

Yes：不要輕忽他的恐懼。也許，你很難想像他為什麼對自己如此沒有信心，但這就是他。如果你想與他在一起，不妨盡量多花一點時間去關心他，相信你們的關係會大有進展。

● 如果你是第四型人

Yes：你的熱情可以幫助他點燃內心被壓抑的火焰，而且你們都喜歡打壓權威。他欣賞你的真，也欣賞你願意為了夢想而放棄所有，因為他希望自己也能做到。

Yes：你們都很情緒化。你的善變更加挑動他的焦慮。逃避、失蹤、搞曖昧……只會讓他抓狂，缺乏安全感的他，一心渴望你清楚的回應。

● 如果你是第五型人

Yes：你在危機中的冷靜表現，讓他相當折服；你的守信與靜默，可以安撫他不安的情緒。幫助他客觀地看待問題，這是習慣左思右想、最後又倉促下決定的第六型人，最需要的定心丸。

Yes：有時你過度沉默，會讓他不由自主想到最壞的情況。喜歡獨處的你，讓他覺得你對他好像漠不關心。

● 如果你是第六型人

Yes：誰能夠比和自己相似的人更能瞭解自己呢？同樣是第六型人，你們很能體會彼此的恐懼與焦慮，更不用擔心對方會對悲觀的心情嗤之以鼻。你們會提供足夠的保證，讓對方和自己都感到安心。

Yes：在數學上，負負得正，但是，悲觀加上悲觀並不會變成樂觀，反而更糟。你們很難肯定任何事，但是又渴望得到保證。要你們共同做決定，真的是難上加難。

● 如果你是第七型人

Yes：以你的快樂去感染他吧！你的樂觀可以適度平衡他的悲觀，帶著他一起進入你迷人又美好的夢想世界吧！

Yes：你無法改變他的悲觀，正如他也無法讓你變得悲觀。所以，尊重他的焦慮，陪他度過逆境；給他信心，而不是抹去他的擔心。

● 如果你是第八型人

Yes：你的自信與勇於出面，讓他有受到保護的感覺；你的坦白，更讓他感到安心，即使你的意見與他相左。他喜歡你有話直說的方式，因為這可以省去他私下猜測的煩惱。

Yes：不要將他的猶豫視為軟弱，他只是想得比較多罷了。他的脾氣並不會比你好，你們兩人很容易有激烈爭吵的局面。不過，只

要你先表明只是就事論事，並不想與他分手，相信他的怒氣很快就會平息。

● 如果你是第九型人

Yes：根據「九型性格理論」，第九型是第六型的心靈成長方向，因此他和你在一起時，會感到特別的放鬆。幫助他看到開闊的世界，不要為了小事而鑽牛角尖。

Yes：第六型人雖然想得很多，但是基本上他是行動派的人，所以有時候可能會嫌你不夠活潑。而你在生氣時，會變得相當頑固而且封閉，這會讓他完全摸不清楚你的需要。當他處在不確定的狀態下時，焦躁感會隨時爆發。

【做他的紅粉知己】不管多困難，你就是挺他

第六型人欣賞純真可愛的另一半，不僅在生活上支持他，最好能在事業上也與他同舟共濟，這種身心相連、福禍與共的革命情感，會讓第六型人更願意全心奉獻自己。第六型人喜歡唱反調，當有新的想法出現時，他會很惹人嫌地挑出一大堆你想都沒想到的問題。所以，你儘管讓他說出內心的恐懼，但是最好不要企圖去解決他的問題，因為這會讓彼此的惡夢沒完沒了。

第六型人抱持著一顆存疑的心，你向他說東，他表面上也許同意，但是私底下會質疑真的是往東嗎？甚至會猜測你是不是別有用心？如此

191

好像把第六型人講得太壞了，其實他只是天性小心，又不太輕易相信人別人罷了。所以，身為第六型人的紅粉知己，第一條守則便是：「鼓勵他朝更有建設性的方向去想。」這並不是要求他樂觀一點，而是讓他在眾多的悲觀想法中，找一個他能「做出一些成果」的路去走。

因為「擔心出現問題」的性格，第六型人常常用心推演每一種可能的狀況，他希望為所有問題先想好解決的方案，或是找出一個最安全的執行方式。只是，一旦身陷在假設性的問題中，反而很容易下錯決定。

當第六型人產生「信心危機」時，你可以……

首先，不要急著說服他情況並不嚴重，相反地，你可以認同他的擔心，但是不必表現出因為擔心而焦慮的模樣。你的態度應該是穩重而且冷靜的，讓他感到安全。

接著，要想辦法阻止他繼續往壞的方面去想。你可以據實陳述現況，並表示換成是你，你也會有同樣的擔心。同時，先提供他一些正面的建議，讓他在你們談話的過程中，有時間慢慢地思考，也許他會因此看見你希望他看見的光明面。

別忘了，不斷地重申你對他的支持，如果他需要，你可以隨時與他一起討論對策。只是，你最好有心理準備，因為他一定會再來找你討論，而且不只一次。

第七型　勇於嘗新者

【他對你有好感嗎？】
當他表現出對你的一切特別感興趣時

　　追求變化的第七型人總是給人喜歡冒險的印象，尤其當他的注意力被某位異性吸引時，他會像蜜蜂看到花朵一般地緊盯不放。然而，當你發現，他同時也對其他的異性目不轉睛時，你可能會感到被玩弄，難道他對你說過的甜言蜜語都是騙人的嗎？

　　這就是無法控制好奇心，喜歡追求新鮮感的第七型人。他那「及時行樂」的性格特質，造成他只看重眼前能帶來歡樂感的人事物，當激情過後，他會迫不及待地往下一個快樂目標前進。

　　第七型人注重歡樂與享受，面對痛苦或麻煩，他會自動升起「防護罩」來保障快樂的感覺。與第七型人約會，你會有不斷的驚喜與生活上的享樂；但是，和第七型人共同生活，你得忍受他不時放你鴿子的「驚喜」，與享樂之後的種種透支。當第七型人又在找藉口想從某個困境脫身，你不要急著幫他處理爛攤子，不妨退後一步，讓他有機會面對自己惹的紕漏。

　　此外，第七型人不喜歡馬上做決定，因為他深怕選了 A 會錯失 B。事實上，第七型人很少對自己的選擇感到非常滿意，因此他常常會責怪別人對他的限制太多，害他錯過最好的機會。然而，為了確保自己才是

「聰明人」的地位，第七型人付出的代價是：「滾石不長苔。」長期下來，一事無成的焦慮會讓第七型人更刻意自我哄抬。當他嘴上說：「沒關係！反正我還有別的機會。」但是，如果你真的以為他已經走出失敗的陰影，那你就是和他一起在作夢了。

【如何獲得他的青睞】保持你的鮮度

● 如果你是第一型人

Yes：你的決心與細心是他所欠缺的，他相當崇拜有原則、有勇氣去實現理想的你。善於面對條文規範的你，正好可以幫他處理生活中的例行事務，而且不會覺得枯燥無趣。

Yes：第七型人受不了別人板起臉孔的嚴肅批評，更受不了有人想「教導」他該如何去生活。第七型人是自由的靈魂，再偉大的愛，對他來說，都比不上自由的可貴。

● 如果你是第二型人

Yes：你的犧牲與奉獻是他活力的泉源，有了你的鼓勵與支持，他會更有勇氣去實現夢想。第七型人不善於面對內心深刻的情感，但是你全心全意的愛與關懷，會讓他不管跑多遠，都還會想再回到你的身邊。

Yes：你處處為他著想，對他來說反而是一種束縛與壓力。你們都希

望贏得眾人的目光，因此在社交場合，他會覺得你似乎在與他競爭注意力。此外，你愈想討好他，反而會愈讓他覺得你不懂得經營自己的生活。

● 如果你是第三型人

Yes：你們有很多相似之處——自信、活潑、獨立、喜歡社交、充滿活力、愛冒險……等，兩個人應該一拍即合，只要你能夠主動追上他的腳步。

Yes：你比他還熱衷工作。第七型人希望天天都有浪漫的燭光晚餐，但是第三型人只會挑重要的日子來那麼一次。兩個人都很樂觀，常常會因為忽視問題而讓關係惡化。

● 如果你是第四型人

Yes：你的深度是他所欠缺的，教他如何探索內心世界，會讓他覺得神祕而有趣。同樣地，你也喜歡他帶來的刺激與新奇的經驗。只要你不要太情緒化，並且願意忍受他的品味，你們可以熱情又愜意地一起生活。

Yes：悲觀的你與樂觀的他，本來就是兩個極端，但是仍然可以藉著瞭解彼此的差異，各自稍做調整，來挽救你們的關係。

● 如果你是第五型人

Yes：第五型人有許多第七型人嚮往的特質：專注、有內涵、學識淵

博、尊重個人自由……等。你的安靜與思考能力，能為他注入一股穩定的能量。

Yes：他喜歡熱鬧，不喜歡在一件事情上耗費太多的時間與精力，這與你大大的不同。所以，不要挑剔他的膚淺，也不要將自己過度封閉，因為第七型人的耐心與容忍度幾乎是零。

● 如果你是第六型人

Yes：你的善解人意與平易近人，讓他感到輕鬆自在。你喜歡提出疑問，更讓他有展現過人才智的機會。他喜歡和不做作的你一起笑、一起探索新奇的世界。

Yes：他很怕看見滿面愁容的你，因為當你陷入反覆斟酌、想要找出完美解答的苦思時，會讓他感到窒息。他向來不喜歡負面思考，因為那會勾起他隱藏在內心深處的焦慮。

● 如果你是第七型人

Yes：你們都喜歡如火花般燦爛又短暫的美妙關係，兩個人都很獨立，也喜歡有自己的生活圈。你們能共同分享彼此的夢想與憧憬，一起追夢。

Yes：兩人都沒有足夠的耐心去聽完對方的心聲，當問題來臨時，兩人都選擇逃避。更糟糕的是，兩人都想要當第一主角，誰也不願意對方比自己更有魅力、吸引更多的注意力。

● 如果你是第八型人

Yes：你的坦白與大膽，讓他可以無所顧忌暢所欲言，因為第七型人喜歡說一些別人不敢說的話。獨立的你，讓他感覺你給他足夠的空間去追求他的夢想。

Yes：強勢的你常常不留情面地指使他，這會讓自認優秀的他難以接受。第七型人和你一樣，不喜歡受人指揮。你的火爆脾氣，會讓不喜歡痛苦情緒的第七型人退避三舍。

● 如果你是第九型人

Yes：你的悠閒，讓他覺得和你交往完全沒有壓力。他最喜歡有人以充滿崇拜的眼神，專心地聽他說生活中各種美好的經驗，耐心又溫柔的你，當然是最佳人選！

Yes：別讓他嫌你動作慢。兩個都是愛作夢的人，只是他的夢想常常一變再變，或是一個接一個地讓你來不及跟上他的腳步。兩人都保持開放性的想法，因此在共同事物上很難做決定。

【做他的紅粉知己】興致昂然地聽他說故事

　　第七型人喜歡和他一樣聰明有趣的另一半，而一位願意花整個晚上耐心聽他談論自己的人，應該是最適合第七型人的伴侶了。第七型人十分健談，尤其愛談自己的事情。如果你已經被疲勞轟炸到不願意再聽下去，不妨試著加入自己的意見或是經驗。如果還是不奏效，建議你找個

藉口離開，讓耳根子享有片刻的清靜。

第七型人的興趣十分廣泛，自認「上知天文、下通地理」的他，對任何新事物都能很快地上手。他的腦筋動得非常快，常常會由一個計畫，連帶激發出另一個全新的計畫。只是，凡人的體力、精力與財力畢竟有限，第七型人多如天上繁星般的點子，常常把自己或周圍的人累到翻，甚至留下一堆未完成的企畫。所以，身為第七型人的紅粉知己，第一條守則便是：「幫助他面對問題。」

可能因為「害怕不夠」的性格，第七型人喜歡多多益善，尤其是對物質的需求，第七型人傾向抓住一切他能抓住的。總之，他就是想要先顧好自己的需要，再談其他。只是貪心的結果，很容易造成不知道該放掉哪一個選擇的窘境。

當第七型人遇到麻煩事時，你可以……

首先，要給他「不中聽」的建議前，最好先給他一些正面的支持。然後，說完你的「良心建議」，別忘了再補上一些讚美。第七型人是自傲的，沒有包裝的批評會讓他惱羞成怒。

接著，要下點功夫去留住他的注意力，讓他專心思考你們正在談論的問題。一旦他有離題的表現，千萬要把話題再轉回來，不要跟著他天馬行空到別的主題上去了。不過，天生反抗權威的第七型人不喜歡你擺出老闆架子，所以不要對他施壓。

第七型人可能會想出一堆解決問題的方法，只是在你看來也許都是

「旁門左道」。如果你覺得你的提議也不錯，不妨在他信心滿滿地陳述完他的想法後，故作隨意地提出你的看法，讓聰明的他去選擇，但是要提醒他：「問題若不解決，以後還是會發生。」如此，怕麻煩的他會當場做決定，不然他可能又會拖延下去。

　　此外，建議你全程都保持輕鬆但高昂的樂觀口吻，這會讓內心焦慮的第七型人感到放鬆，不會因為感到壓力而一味抗拒你的提議。

天生領導者

【他對你有好感嗎?】當他表現出處處為你打抱不平時

　　直爽的第八型人總是給人俠義的印象,尤其當他知道你受到不公平的對待時,他會二話不說地捲起袖子,誓言要幫你討回公道。然而,當你發現,對你處處呵護的他,在生氣的時候,竟然完全不顧情誼,不但對你翻臉無情,甚至威嚇怒罵。你可能會感到十分疑惑,到底他是喜歡你?還是已經把你逐出他的王國?

　　這就是喜歡挑戰極限、直來直往的第八型人。他那「過之或不及」的性格特質,造成他喜歡憑直覺行事,常常在衝動之後釀成不可收拾的局面,讓周圍人的心情如同坐雲霄飛車一般驚險刺激。

　　第八型人非常支持另一半,只要他有能力,他會盡力提供另一半足夠的資源,讓另一半去做自己想做的事情。只是,另一半得學習容忍第八型人的壞脾氣,當他正在氣頭上的時候,千萬不要與他一起歇斯底里,但是也不可以表現輕忽的態度,你得守住底線,堅定地等他發完飆再說。

　　此外,由於第八型人不喜歡脆弱的感覺,所以他常常責怪別人,藉此掩飾自己的軟弱。所以,只要他感到心裡不痛快,他會立刻找出一個人來為他的壞心情負責。對需要不斷釐清主權領域的第八型人來說,坐以待斃是傻瓜,只有立即行動才能遏止傷害,才能感到安心。然而,為

了確保自己不會受到傷害，第八型人付出的代價是：「沒有人願意待在他的身邊！」長期下來，孤獨的憤怒會讓第八型人更難以親近。當他嘴上說：「沒關係！我不需要任何人的同情。」但是，如果你真的以為他很堅強，對他不聞不問，他的脆弱指數會馬上再飆高。

【如何獲得他的青睞】讓他覺得你很有挑戰性

● 如果你是第一型人

Yes：發揮你誠實的優點。你的實際與負責，能贏得他的信賴。你對他的勇氣與決心相當欽佩，這會讓他感覺非常受到尊重。

Yes：收起你的頑固與自以為是，他雖然喜歡挑戰有自信的人，但是他受不了愛唱高調的人。

● 如果你是第二型人

Yes：你的溫暖熱心與願意為家人犧牲的精神，讓他非常感動與敬佩。你對他無微不至的照顧，更能打動他外冷內熱的心。

Yes：稍稍收斂一下你的逢迎手腕，他不喜歡心口不一的人。不要喋喋不休地叮嚀他，自主性很高的他，絕對受不了別人對他耳提面命。

● 如果你是第三型人

Yes：盡量展現你的主動與效率，精力充沛的你和他十分相配。不輕

言放棄，是你們的共通點。

Yes：當你們發生爭執時，不要退縮一旁，好好地和他一起把事情講清楚，不要讓他的憤怒愈積愈深。向他學習真性情，不要忽視你的感覺。

● 如果你是第四型人

Yes：你和他一樣流著叛逆的血液，你對夢想的熱情，能夠輕易打動同樣具有遠大理想的他。發揮你的想像力與戲劇化的潛力，他向來喜歡充滿力量與轉折的刺激感。

Yes：他不喜歡過於複雜的事情，所以稍稍收起你探究感受與生命意義的熱忱。不要批評他，他的深度的確不如你，可是他和你一樣驕傲，而且怕被別人拒絕。

● 如果你是第五型人

Yes：你擅長做系統性思考，而且能夠保守祕密，請發揮這樣的性格優勢吧！向來獨立的你，也能體會他需要獨處的心情。你的機智與創新的天分，讓他覺得你充滿智慧。

Yes：當面對衝突時，你傾向以獨處來反芻一切，但是大刺刺的他習慣在當下把問題解決，或是至少說個清楚。此外，不要對他空談理論，他喜歡眼見為憑。

● 如果你是第六型人

Yes：盡情表現你不棄不離的忠誠吧！反正，你需要被信任，他需要有人可以信任。你的赤子之心，讓他覺得可愛又親切，兩個人很容易坦誠相對。

Yes：你那有時退縮、有時又勇猛的兩極化態度，讓他覺得無法掌握而倍感壓力。不要過度擔心一些根本還沒有發生的事情，他看重的是眼前的事實。不要去試探他的耐心或心意，不被信任的感覺會讓他惱羞成怒。

● 如果你是第七型人

Yes：他和你一樣喜歡追求新鮮與刺激的事物。你的輕鬆放任與喜歡打破成規的魔鬼行徑，對他有著致命的吸引力。

Yes：總是能找出一堆藉口的你，會讓他暴跳如雷，你不想與他面對面產生衝突，但是逃避只會讓你們的關係更惡化。他是一個追求真相的人，虛偽敷衍只會讓他離你而去。

● 如果你是第八型人

Yes：不需要特別展現你的魅力，你們自然會十分相合。兩個精力充沛的人在一起，你們能完全地享受人生，並且充分理解對方需要的挑戰性與激昂的情感。你的勇於付出承諾，對他來說是最好的定心丸。

Yes：你們的占有欲都很強，個性皆十分衝動，最好早點認清這個情

況，平日做好權力分配，不要最後兩敗俱傷。

● 如果你是第九型人

Yes：你喜歡他的精力充沛與主動出擊的個性，也願意包容他的壞脾氣。在他憤怒的時候，你能夠很自然地幫助他回復平靜。你的穩定、平和與寬容，讓他充分感受到愛與關懷。

Yes：不要抗拒與他爭吵，他需要藉著爭吵來澄清事實。爭吵對第九型人來說是痛苦的，但是，這能幫助你更清楚自己究竟想要什麼。不要讓他來猜測你的心，你若執意退縮會澆熄他的熱情。

【做他的紅粉知己】對他絕對忠實

第八型人喜歡性感嫵媚的另一半，只是溫柔多情的異性，比較能包容他的火爆脾氣。最理想的伴侶，要能夠讓他們舒服安心地傾吐心中的煩惱，並且溫柔地分享他內心感性且脆弱的部分。許多第八型人都是「刀子嘴，豆腐心」。

第八型人堅定的意志力，能帶他到任何他想要去的地方。習慣戰鬥的他，喜歡將每一件事情都看成是一場對抗，不管是職場競爭、情侶吵嘴，甚至只是上街購物，他都不容許有人占他的便宜，或是遭到不公平的待遇。只是，缺乏耐心的他，常常隨興放炮而得罪很多人，他雖然也非常清楚自己的缺點，但就是控制不了那股怒氣。所以，想要成為第八型人的紅粉知己，第一條守則便是：「向他說實話。」

可能因為過於強勢的性格，第八型人喜歡測試極限點，不管是自己的或是別人的。喜歡大聲講話、毫不修飾的言行舉止、經不起激地就放言挑戰……等，他絲毫不在意別人的批評，甚至會理直氣壯地回答：「老子就是這個樣子！」因此，我行我素的他，需要一位誠實的伴侶在一旁溫柔地提醒：「並不是人人都習慣藉由嗓門來喊出自己的意見。」

當第八型人亂發飆時，你可以……

首先，等到他心情恢復平靜的時候，單刀直入地陳述眼前的難題，提醒他，要是能解決這個難題，整體的收穫將會是如何。第八型人要看到大畫面、大獲益，單一的小利對他的誘因不夠。

接著，你可以表明你絕對相信他有處理眼前難題的能力，同時，你要讓他感覺到他並不孤單，你會盡全力支持他，並強調你是站在公平的角度來看這件事情。如果，這時的第八型人被自己的預設立場所蒙蔽，你要幫助他看清事實。

你可以直接提醒他，你瞭解他的高分貝並不代表想與人挑釁，不過大部分的人還是喜歡以比較平和、不傷感情的方式來處理問題。最重要的是要讓第八型人感覺到，一切還是由他在掌控，你只是誠實地提出你的看法。

嚮往和平者

【他對你有好感嗎？】

當他表示對你喜歡的事物也很有興趣時

親切的第九型人總是給人溫和的印象，尤其當你心情不好的時候，他會很有耐心地聽你發牢騷、支持你、給你中肯的建議、幫助你找到重新出發的力量。然而，當你發現，他似乎對每一個人都報以相同的微笑時，你可能會感到生氣或是失望，認為自己在他的心裡其實並不是那麼的重要。

這就是做事情不疾不徐、講話慢條斯理的第九型人。他那「容易失去焦點」的性格特質，造成他常常忽略了最重要的事情，而去忙一些沒有急迫性的事務，讓周圍的人為他乾著急。

第九型人希望和喜歡的對象一致，包括生活步調一致、態度一致，吃的、穿的和用的最好都一致。第九型人常常將另一半的嗜好當作是自己的嗜好。一來，他怕太堅持自己的嗜好，會與另一半的生活無法配合；二來，和另一半一起從事某項活動，能夠讓第九型人感到安心快樂。

此外，由於第九型人不喜歡看見別人失望，所以他很難拒絕別人的要求，總是勉強自己去附和不同的意見，或是乾脆採取以往一貫的方式去面對新的狀況，以為這樣就可以省下節外生枝的麻煩。然而，為了

息事寧人，第九型人付出的代價是：「得不到自己最想要的！」長期下來，內心累積的憤怒會折損了第九型人的熱情與活力。當他嘴上說：「沒關係！不必考慮我。」但是，如果你真的沒有考慮到他，他的憤怒保證再升一級。

【如何獲得他的青睞】讓他感到安心舒適

● 如果你是第一型人

Yes：發揮你的組織力，幫助他釐清人生的目標。提供堅固穩定的支持，讓他感染你充滿朝氣的行動力，以及說到做到的忠誠。

Yes：收起你好批評與求好心切的性格，那只會讓他更焦慮、缺乏穩定感。你的吹毛求疵在他看來都是小題大作。

● 如果你是第二型人

Yes：勾起他對甜蜜家庭的渴望，讓他感到被愛與被尊重。大方的讚美他，讓他發覺自己的優點。你的微笑與活潑，會深深吸引他的注意。

Yes：不要以罪惡感來逼迫他去做你想要他做的事，也不要為了他的慢步調而感到心煩。第九型人可以一眼看穿你隱藏在微笑背後的目的。

● 如果你是第三型人

Yes：帶著他一起參與你的活動。你的樂觀與自信，會幫助他活潑起來；你那鎖定目標的衝刺力，會帶給他正面的影響。

Yes：你的快步調會讓他有喘不過氣的感覺，甚至會覺得被忽視。不要太炫耀，第九型人喜歡低調安逸的生活。

● 如果你是第四型人

Yes：你慈悲、感性並善於傾聽，這讓他著迷。尤其是你對個人的尊重，更讓他感到自己與眾不同，這對習慣抹滅自我的第九型人來說，是相當震撼的體驗。

Yes：消極與悲傷的感覺，會讓嚮往和諧寧靜的他不得不離開。他喜歡平凡的生活，這對一心創造不平凡的你來說是一大挑戰！

● 如果你是第五型人

Yes：你的思考力與深度，剛好可以滿足他追求周全的渴望。溫和又安靜的你，可以讓他感到祥和平靜。

Yes：把他納入你的生活圈吧！不要將他拒於心房之外。他喜歡和另一半相依相偎，不管是身體或是心靈。

● 如果你是第六型人

Yes：你的忠誠、親切、幽默，讓他很喜歡有你陪伴。尤其是當他感到慌亂不安時，你很能感同身受地安慰他，因為你對心慌的感

受太熟悉了！

Yes：不要處處懷疑他，或是挑剔他的小錯誤，他真的是一個心思單純的好人。大部分的時候，他喜歡安靜地看電視，或是什麼都不做，絕不是在打什麼鬼主意。

● 如果你是第七型人

Yes：滿懷理想的你，總是自信滿滿地將自己的熱忱散播出去。他喜歡和你一起去探究新奇的事物，或者，光是在一旁感受你的對夢想的熱忱，就已經讓他很滿足了。

Yes：不要把他一個人丟在家裡，遵守你的承諾，並要求自己，每次至少花十分鐘去聆聽他的心聲。

● 如果你是第八型人

Yes：他喜歡你渾身是勁的感覺，尤其當你決心要做某件事情時，你所展現出來的驚人意志力，與獨立果斷的行動力，會讓他佩服得五體投地。

Yes：不要把他當成競技場上的對手一般地攻擊他，或許，你以為這樣做可以幫助他發洩怒火，但是第九型人並不習慣這樣的方式，他比較喜歡把憤怒說出來，或是不自覺地表現出來。

● 如果你是第九型人

Yes：你喜歡沉湎過去的溫馨回憶，他也是；你追求安逸舒適的生

209

活，他也是。你們可以很自然地滿足彼此對愛與接納的需要。

Yes：你習慣以忽視來逃避現實，他也是；你傾向容忍另一半而內心
生悶氣，他也是。你們兩人都很難下決定，最好兩人平日就協
議好，由誰來做最後的決定。

【做他的紅粉知己】溫和地支持他的決定

第九型人喜歡溫柔傳統的另一半，只是他總是情不自禁地被活潑開
朗的異性所吸引。當第九型人看見對方的生活充滿活力與衝勁，他會希
望自己也能擁有那樣的生活，甚至會誤以為那是他的生活。

第九型人能夠包容不同的論點，設身處地體諒不同的立場，並且
可以很快地看出每一個立場的強項與弱勢。只是，當他面臨抉擇時，他
會變得十分困惑，因為每一個選項都有優缺點，很難說哪一個才是最好
的。所以，想要成為第九型人的紅粉知己，第一條守則便是：「當他的
聽眾，給他溫暖的支持。」

可能因為過於溫吞的性格，第九型人的意見通常不太受到重視，但
是，他又不想厚著臉皮，去強力推銷自己的想法，或是臉紅脖子粗地去
爭取別人的同意。因此，不被尊重的感覺會讓他非常悶，尤其他傾向把
所有不滿都悶在心裡。這時，有誰願意傾聽他內心的憤怒，誰就是他的
救命浮板。

當第九型人找你訴苦時，你可以……

首先，找一個安靜的地方，讓他一吐心中的鬱悶。你不需要幫他分析，更不要批評他的選擇，只管耐心地聽他說。當第九型人的憤怒到達頂點，他可以滔滔不絕地訴苦好幾個小時。

接著，你可以表明你完全支持他，你也相信他的作法，只是別人可能不是這麼想，所以才會造成現在的狀況。別忘了，要隨時徵詢他的看法或是意見，證明你真的是和他站在同一邊。

你可以適當地提出你的想法或是建議，但是最好不要說服他接受。第九型人平日看起來平易近人，但是當他們生氣的時候，他們是世界上最固執的一群人。而一旦第九型人告訴你他的決定時，你要盡可能表現支持的態度，給他勇氣，讓他對自己的選擇感到安心，這樣將會加強他的行動力。

Part 5
誰是你的生命教練
放下性格．處事圓融

第一型 理想崇高者

【他不為你知的一面】他的心裡住了一位審判長

第一型人從小就是一位守規矩的好孩子。他可能生長在一個注重傳統的大環境，或是有一位管教甚嚴的家長，甚至很可能有一位失職的家長，讓他不得不「提早轉大人」。他以為，只要學習正確的榜樣，他就不會犯錯，也就不會被責罰，這樣他便可以安心地活在這個世界上。

第一型人通常是家裡的「好榜樣」，不管是學業或是日常生活，父母很少需要為第一型人擔心；相反地，第一型人還會常常在暗地裡評量父母的行為，或是公開勸誡父母的缺失。第一型人具有「勇於改正、力求完美」的優點，但是當這個優點受到性格的扭曲時，便成「害怕犯錯、挑剔批評」的缺點。

第一型人的內心住了一位時時刻刻在教訓他的「審判長」，他常常在內心自我鞭策：「你是白癡嗎？竟然犯了這樣的錯誤？」、「你到底有沒有用心？你應該可以做得更好！」當然，其他性格類型的人有時也會懊惱做錯了選擇，但是，第一型人幾乎是大小事情都嚴苛地要求自己，同時也要求別人。當有人批評第一型人「太愛批評」時，第一型人往往會覺得不可思議，因為他自認只說出了內心批評的十分之一而已！然而，剩下的十分之九早已經暗暗累積成怒氣了。

第一型人雖然要求嚴格，但是他會帶著同伴們一起進步，他追求完

214

美的態度，更讓大家敬佩。而當性格健康度下滑時，第一型人的好批評與愛生氣，會讓周圍的人在他的高標準檢視下，不僅常常被罵，還得負荷過重的工作量。

【如何與生氣的他溝通】
表示你正努力思考解決問題的方案

第一型人很擔心自己會情緒失控，也不習慣面對充滿情緒的場面。此外，他傾向壓抑自己的不滿與憤怒，因為那是「不理性」的表現。

所以，想要坦誠又不引起對立地與他溝通，首先你得先給他一個「可以正大光明抱怨」的台階。不妨先徵詢他的同意，看是不是可以就某件事情來討論一下。表現出「你發現了某個問題，想要請他共同解決」的態度，或是表示「你察覺到他的煩惱，你很誠懇地想與他一起解決」。記住，先給他幾天時間去思考挖掘自己的問題後，再與他討論，這樣效果更好。

當然，為了讓第一型人感受到你的確重視這個問題，並能夠放心地「大放厥詞」，討論會的形式與程序一定要嚴謹安排，不要讓他覺得這個會議太隨興即時，一點都不正式。如果屬於兩人之間的會談，你也最好稍微設計一下談話的階段與目標，千萬不要讓他覺得你根本沒有事先思考過。

如果，你與他發生了嚴重的衝突，建議你請他即刻坐下來好好說明白，因為很明顯地有問題需要解決。不妨讓他先發言，不要打斷他。

在聽完他的陳述後，最好表示同意或體諒的態度，這會讓他感到安心並且願意說得更多。當第一型人放心地說完自己的意見後，他比較能夠以輕鬆、不抗拒的心情，來傾聽別人的意見。請盡量不要使用批判性的字眼，這會激起第一型人想要為自己辯護的本能。

【他其實並沒有惡意】他只是想教你正確的方式

第一型人普遍很囉唆，因為他希望把事情說清楚，把是非分明白，他習慣教別人該做什麼、不該做什麼。然而，當他一邊給別人建議，但是一邊又以「你應該如何如何」的口氣時，這會讓聽者覺得被批評，甚至覺得被教訓。

在溝通時，第一型人堅持「誠信」的原則，他會努力地表達自己的意見，盡量做到理性、清楚、客觀的溝通。只是，當他對某人或某件事已經有先入為主的負面觀感時，他的不滿意與生氣的情緒，會透過肢體動作表達出來，即使他十分努力地想隱藏他的憤怒。

因此，當第一型人皺著眉頭表情僵硬，或是猛烈地搖頭的時候，你就要小心了！因為，即使他的措詞仍然保持風度，但是他的聲音絕對比刀子還鋒利。如果，你不想與他正面衝突，你要觀察的不是他的言詞，而是他隱藏著憤怒的肢體動作。

 並不是每個人都和你一樣想做到無懈可擊，而且，別人並不一定需要你的幫忙，才能夠把事情做好。

第二型　古道熱腸者

【他不為你知的一面】他的心裡住了一位上帝

　　第二型人從小就是一位孝順的好孩子。他可能生長在一個有眾多兄弟姊妹的大環境裡，或是有一位因為忙碌而無法兼顧家庭的家長，甚至很可能來自一個充滿危機的家庭，讓他不得不「像媽媽一樣地守護全家」。他以為，只要他努力滿足別人的需要，別人也會注意到他的需要，這樣他便可以安心地活在這個世界上。

　　第二型人通常是家裡的好幫手，不管是家務或是財務，第二型人都希望自己能幫父母分憂解勞。第二型人具有「犧牲奉獻、慷慨同情」的優點，但是當這個優點受到性格的扭曲時，便成了「委屈自己、熱心過頭」的缺點。

　　第二型人的內心，住了一位時時刻刻在觀察世人需要「上帝」，他相信自己能夠滿足所有人的禱告：「大家都需要我的幫助！」、「要是沒有我，你們這些人哪可能有今天？！」當然，其他性格類型的人，有時候也會因為助人而感到快樂無比，或是因為猜透別人的需要而沾沾自喜。但是，第二型人是無時無刻不在注意別人，包括別人的肢體語言、臉部表情、情緒，甚至聲調，第二型人會想辦法配合對方的感覺。只是，其他性格類型的人不會像第二型人一般，牢牢地遵守「付出——獲得」的法則，因此，總在犧牲自己、滿足他人的第二型人，終於再也

忍不住憤怒而淚水潰堤。

第二型人總讓人盛情難卻，但是他會為團體帶來「家庭式」的溫馨氣氛；他熱心助人的精神，更讓大家感動。當性格健康度下滑時，第二型人的強勢與不講理，會讓周圍的人在他喋喋不休的抱怨聲中，不僅得忍受他的情緒化，還得提防他放冷箭。

【如何與生氣的他溝通】表示你非常在意他的感受

有兩種情況很容易讓第二型人失去愛心：一是，你將他的付出視為理所當然；二是，當他向你開誠布公地說出他的不滿時，你卻沒有給予他想要的「回饋」。所以，與他溝通的第一個原則便是：「讓他感覺到你很關心他，並且全神貫注地傾聽他的心聲。」

如果第二型人對你不滿，他通常會憋一陣子才會表現出不高興的態度，因為他自認是樂觀又大方的人，跟你計較不就顯得小氣了？所以，當他慣有的微笑與友善，常常一下子莫名地轉變成冷漠，或是故意忽視你時，你就應該有所警覺。而當他忍不住找你抱怨時，那就表示事情大條了，即使他看起來好像訴苦多於生氣，他在內心其實已經暴跳如雷。

此時，你要專心地傾聽他的抱怨，不要打斷他，更不要嘗試評斷或解釋，因為第二型人習慣一口氣說完心中的怨懟，他覺得他是在剖析他的感受與情緒，你怎麼可以這麼粗心又無禮地打斷他的心靈獨白？一旦他表示說完了，這時你可以問問題以澄清你的疑慮，像是：「為什麼你認為我是這樣想呢？」或是「我做了什麼讓你有這種感覺？」接下

來，請他允許你陳述你的想法。第二型人通常都會同意，也會十分專心地聆聽。第二型人特別害怕被拒絕的感覺，所以請盡量表現出支持他的態度，同時也強調你是很誠懇地向他解釋你的感受。在真誠交流的氣氛下，第二型人的同理心通常又會重新燃起，衝突也將暫時得到緩解。

【他其實並沒有惡意】他只是希望你注意他

第二型人普遍很感性，因為他希望能和別人心連心，成為無所不談的好朋友。他習慣以樂觀的角度來看事情，以溫暖的口吻撫慰別人。然而，當他把注意力都放在聽者目前的情緒上時，反而會忽略了他真正該給對方的建議。

在溝通時，第二型人堅持「體諒」的原則，他會努力地安慰對方，盡量做到鼓勵、寬容、不傷害對方的溝通。只是，如果當事人表現出並不感激第二型人的好意，或是第二型人想要保護第三人時，那第二型人有可能會變得冷淡且高傲。

因此，當第二型人一反常態地不再以同理心與你談話，並且憑一己的猜測而將你定罪時，你就要小心了！因為，他不是一個理性的人，尤其當他生氣的時候，他的想像力會左右他的是非觀。如果你不想與他有心結，你最好趕緊澄清，以免誤會愈滾愈大。

> 並不是每個人都和你一樣熱切地想與他人分享，而且，別人也許根本不需要你的幫助。

第三型 成功追求者

【他不為你知的一面】他的心裡住了一位大明星

第三型人從小就是一位榮譽感很強的好孩子。他可能生長在一個注重成就與金錢的大環境裡，或是有一位非常以他為榮的家長，甚至很可能是來自一個比較卑微的家庭，讓他不得不「為家裡爭口氣」。他以為，只要他表現出自己最好的一面，努力打拚賺大錢，讓大家都尊敬他，這樣他便可以安心地活在這個世界上。

第三型人通常是家裡的小英雄，他總會在某一方面拚出一點成就，讓整個家庭以他為榮。第三型人具有「有志竟成、適應力強」的優點，但是當這個優點受到性格的扭曲時，便成了「死要面子、不擇手段」的缺點。

第三型人的內心住了一位時時刻刻想讓人驚羨的「大明星」，他相信只有傑出的表現，才能贏得大家的敬重：「看看我的成就，我可不是一般人！」、「第一印象最重要，因為你不會有第二次機會去左右別人對你的觀感。」當然，其他性格類型的人，也會想給別人最好的印象、想要成功，但是，第三型人是無時無刻不在想辦法出人頭地，儘管只是一次偶遇、一個飯局、一場演講，他都要讓你對他留下深刻又優質的印象。只是，過度注重「印象」的結果，第三型人只是在扮演人們心中的「完美形象」，當他不再「演戲」時，不曾好好認識自我的第三型人，

將不敢正視自己內在的空洞。

第三型人的好勝心，雖然讓別人備感壓力，卻可以激起隊友競爭前進的動力。他的奮鬥故事，更給大家一個成功的典範——「只要努力工作，你自然會得到你想要的。」當性格健康度下滑時，第三型人的投機與自私自利，會讓周圍的人活在他催促向前的壓力下，不僅得學會看穿他的吹噓，還得小心成為他成功的犧牲品。

【如何與生氣的他溝通】私底下找他一起解決問題

為了維持一個完美的形象，大多數的第三型人不會表現得粗鄙無禮。但是，如果他開始對你特別沒有耐心，或是講話時抬高聲調、言語上刻意犀利不帶感情，這時，你幾乎可以確定你真的惹毛他。

當第三型人以言語或是行動，明顯地表達出他的不滿或是壓力時，通常表示他其實已經忍耐了一段時間。這時你不妨給他一個親切但清楚的詢問，讓他在保全顏面的前提下，能夠坦誠地陳述他的想法。只是，第三型人不喜歡在工作中被人打斷，也不願意在公開場合裡承認自己有困難。所以，最好在他的工作告一段落的時候，私底下去找他，帶著友善但「純公事」的口吻，以公司的生產力或優勢塑造為出發點，詢問他是否有需要溝通的地方。

有些愛面子的第三型人並不會第一次就接受你的善意關懷，但是他很可能過一陣子會主動找你談。因此，你不妨在提出第一次的詢問後，刻意等上一段時間，再一次表示你覺得仍有疑慮，希望他能參與討論，

一起解決問題。

　　不要嘗試以感性的言語來打動他，那只會讓他有「浪費時間」的感覺。理性實際而且準備充分的數據或辦法，對他比較有說服力。第三型人討厭花時間在無謂的事情上，馬上採取行動才能讓他安心。

　　第三型人特別害怕失去自我價值，所以請盡量表現出對他的欣賞與肯定。同時，請保持「說到做到」的原則，第三型人講究責任的達成，最好不要在工作進行一半時，擅自更改你們原本的計畫，這會讓一心為獎賞衝刺的第三型人，覺得理想被打斷，向來靈活變通的他，很有可能會毫不留戀地放棄先前的努力，而另起爐灶。

【他其實並沒有惡意】他只是希望快點把事情結束

　　第三型人喜歡談論自己的工作，或是表現出自己很有辦法，因為他希望別人看重他。他做事講求效率，不喜歡因為私人情緒或活動而耽誤工作。然而，當他不知道該如何處理別人的負面情緒而選擇忽略時，這反而會讓別人覺得不被尊重，甚至認為第三型人沒有什麼感情。

　　在溝通時，第三型人堅持「效率」的原則。他只管陳述事實與意見，並利用大量的資訊去說服對方，但是他不會花時間去安撫對方的情緒。而當對方表現出不贊同第三型人的說法時，第三型人傾向終止談話，不再浪費時間討論，同時他也會表現出不耐煩的態度。

　　因此，當第三型人不斷地舉例證、堅持想要說服你時，你就要小心了！因為他已經「箭在弦上」，若再無法說服你，他很快就會失去耐

心。如果你不想與他不歡而散，你不妨表示相信他的判斷，但是也請他想想：如果他身處你的困境，他會怎麼做？

並不是每個人都和你一樣把成功看得那麼重，但是，這並不代表別人不願意努力。

第四型　個人風格者

【他不為你知的一面】他的心裡住了一位受害者

第四型人從小就是一位敏感的好孩子。他可能生長在一個重視個人發展的大環境裡，或是有一位對他不夠重視的家長，甚至很可能是來自一個曾經遭逢巨變的家庭，讓他不得不「羨慕別人」。他以為，只要他能夠擁有別人的優點，讓自己更完美，這樣他便可以安心地活在這個世界上。

第四型人通常是家裡「特別的一分子」，別人吃飯，他偏想吃麵；大家都開心的時候，他可能反而顯得落落寡歡。在某些方面，他就是不想和其他人一樣。第四型人具有「追求完美、感情豐富」的優點，但是當這個優點受到性格的扭曲時，便成「敏感善妒、情緒多變」的缺點。

第四型人的內心住一位時時刻刻覺得自己遭受不幸待遇的「受害者」，他常常輕而易舉地看見別人的美滿，卻忽略了自己已經擁有的幸福。他總是忍不住感嘆：「真羨慕別人能擁有如此深刻動人的愛情！」、「要是我也能有一份那樣好的工作，我的生命就算圓滿了！」當然，其他性格類型的人也會忍不住羨慕別人，但是第四型人是無時無刻不在和身邊的人比較，觀察別人擁有了哪些他所缺乏的事物。只是，過度注重「自己所缺少的」，自憐的第四型人容易變得憂鬱。同時，第四型人也傾向乾脆就和別人不一樣，這樣便可以掩飾因為自己的欠缺，

224

而產生的自卑感。

第四型人雖然自戀，卻可以為團隊帶來向內探索自我的力量，他的真情真性，讓大家看見追求「自我實現」的可貴。當性格健康度下滑時，第四型人的極度敏感與不滿足，會讓周圍的人活在他忽悲忽喜的情緒變化之中，不僅得小心翼翼避免勾起他的不愉快，還得提防他因為心情不好而讓工作停擺。

【如何與生氣的他溝通】讓他先吐完苦水

當第四型人覺得受到輕視或委屈時，他很少一開始就向當事人反應或求證，而是不爽在心裡。他也不喜歡被迫去做與他的信念相違背的事情，特別不想看到那個讓他不爽的人，居然混得比他還好！當不滿與嫉妒的情緒不斷累積時，第四型人會由沉默的憤怒轉變成激烈的情緒掙扎。他可能會躲進自我的世界裡，痛苦地感受被情緒折磨的煎熬，也有可能開始過度地檢視別人的言行舉止，變得異常神經質——而且兩者都會呈現相當情緒化的反應。

與他溝通的第一個原則，千萬別勸他「想開一點」，而是要接納他的情緒，認同他的感受。自尊心強烈的第四型人特別需要被尊重。在「九型性格學」理論中，第二型、第三型、第四型都屬於驕傲的一群。第二型人的付出需要被尊重，第三型人的成就需要被尊重，而第四型人則是他的情緒需要被尊重。

第四型人特別容易受到情緒的影響，所以，不管他來找你談的時候

是平靜的，還是正在情緒當中，建議你最好耐心地聽他說完。第四型人需要把情緒說出來，而當對方表現出接納的誠意時，第四型人會更挖心掏肺地毫不隱瞞。當他傾吐完心中的鬱悶後，他反而會平靜許多，並且也會誠意地想聽聽你的說法。如果他一直在重複某個論點，表示他有可能不肯定你是否真正瞭解他的意思。這時，你不妨直接切入你不明白的地方，請他確認。

對生命充滿熱情的第四型人，常常給人外向的錯覺，實際上他是內向安靜的，通常能夠感受到別人達不到的感情深度。這樣的人可以極端的堅強，但也會極端的脆弱。因此，請不要否定他的感受，這等於否定他整個人；更不要責怪他太敏感，因為你無法進入他的內心世界；你也不需要給他任何答案，因為第四型人想要靠自己去挖掘生命的真諦。總之，想辦法和他產生共鳴，而不是扭轉他的目光。

第四型人通常不會忘記不愉快的回憶。所以，如果你真的與他有不好的互動，不要期待他能盡釋前嫌，只能靠時間與誠意的交流，來緩解他心中的傷痕了。

【他其實並沒有惡意】他只是無法忍受低俗的品味

第四型人很在意美感，對於通俗的品味通常不屑一顧，造作或是迎奉現實的言語，更令他難以忍受。然而，他雖然非常忠實地表達出自己的感受，但是他在表達時的強烈情緒卻干擾了聽者，很容易讓聽者以為有「弦外之音」。

在溝通時，第四型人堅持「說真話」的原則，尤其當他覺得這番話對聽者十分重要時，第四型人通常會直言不諱。第四型人是非常感性的一群，他會忍不住把自己擺進對方的「情況」當中，想像如果事情發生在他身上，他會如何去反應。因此，當對方的反應和他心裡想像的不一樣時，第四型人會有被拒絕的感覺，因為第四型人喜歡把每件事都跟自己扯上關係。

因此，當第四型人表示他對你的情況也能感同身受時，你就要小心了！因為，他接下來的言論很可能只是在陳述他的感受，並非客觀中肯的建言。不要被他悲觀的口吻所影響，他只是比較喜歡以帶點悲劇色彩的角度來看困境。如果你不想讓他「反客為主」，不妨表示你能瞭解他的感受，只是現在情況是發生在你的身上，並說明哪些客觀情況是不相同的，避免讓他又以他的處境來看你的問題。

並不是每個人都和你一樣敞開心靈，並深刻地去感受事物，但是，這並不代表別人都很膚淺。

227

博學多聞者

第五型

【他不為你知的一面】他的心裡住了一位隱士

第五型人從小就是一位安靜獨立的好孩子。他可能生長在一個注重學識或教育的大環境裡，或是有一位對他關心過度的家長，甚至很可能是來自一個壓迫感很重的家庭，讓他不得不「找個地方躲起來」。他以為，只要他能夠不倚靠別人，這樣他便可以安心地活在這個世界上。

第五型人通常是家裡的「神祕人物」，家人很少知道他在忙什麼，或是心裡在想什麼，甚至可能連他喜歡什麼，家人也搞不清楚。第五型人是一個悶葫蘆，許多事情他寧願不要說出來。第五型人具有「創新思考、韜光養晦」的優點，但是當這個優點受到性格的扭曲時，便成了「特立獨行、冷淡疏離」的缺點。

第五型人的內心，住了一位時時刻刻在觀察與思考的「隱士」，他喜歡遺世獨立般地做一位旁觀者，細看紅塵男女的故事。他在內心經常吶喊著：「慢著，我還沒有完全弄懂……」、「別再逼我，我需要一個人靜一靜……」當然，其他性格類型的人偶爾也會對自己的專業感到心虛，或是痛恨別人侵犯到自己的隱私，但是，第五型人是無時無刻不在計算著，自己的時間與精力該如何分配。只是，過度注重「自我資源保護」，將自己封閉在心智的象牙塔中的第五型人，很容易與現實脫節。

第五型人雖然容易在心智上抽離到自己的想像世界當中，卻可以激

發團隊做深度的思考，他的細心觀察，更讓大家有機會看見，那些隱藏在不起眼事物中的奧妙。當性格健康度下滑時，第五型人的抽離與以前衛分子自居，會讓周圍的人感到被貶低，不僅得忍受他的激進狂言，還得提防他產生如被害妄想般的精神分裂行為。

【如何與生氣的他溝通】給他時間、空間與選擇

當你的第五型伙伴故意不出席固定的會議或無端失蹤，見了面也不給你任何解釋，即使他看起來還是和平日一般的面無表情，其實他在內心裡已經不知道拿刀砍你多少回了！當第五型人對某人感到不滿時，他通常會刻意避開那個人，或是立刻離開現場。許多第五型人在衝突的當下，都不知道該如何反應，他們需要獨處思考以決定下一步。當第五型人生氣的時候，一向崇尚理性分析的他，會比其他性格類型的人更主觀，甚至偏激。

與他溝通的第一個原則便是：「讓他覺得自己能掌控一切」，包括會談的日期、地點、時間長短……等。不要期待第一次會面就能誤會冰釋，因為敏感的他，會被你想解決問題的熱忱給嚇著。會談時，盡量營造一種屬於你們兩個人的私密空間感與互信的氣氛，然後，開宗明義地直接說出，他的某些行為讓你覺得有問題，請他解開你的疑慮。盡量保持理性的口吻與訴求，這絕對比訴諸感情要來得有效。第五型人不擅長面對排山倒海的情緒，因為那正是他努力避開的部分。

當第五型人陳述完自己的想法後，他通常比較願意敞開心扉聆聽你

的觀點。這時，你可以在理性陳述事實的過程中，穿插表達你的感受，但是切記不要情緒化。第五型人會希望與你達成共識，因為他需要一個明確且實際的規則，來確保自己的一切不會再受侵犯。

對環境充滿不安全感的第五型人，如果能讓他覺得握有選擇權並且還有時間考慮，這會讓他安心很多。他不喜歡草率做決定，更不喜歡被強迫做出選擇。萬一被強迫了，他通常會反彈拒絕。所以，給他時間思考，千萬別以為打鴨子上架，就可以逼他就範。

對於不愉快的回憶，第五型人很少會再提起，而且也不願意再輕易嘗試。他不像第四型人喜歡將痛苦的經歷說給別人聽，甚至潛意識地想讓悲劇一再重演。

【他其實並沒有惡意】他只是想保持冷靜

第五型人總是擔心自己的準備不夠充分，因此他會大量地蒐集資料。注重理性思考的他，會刻意迴避情感層面，因為他深怕理智被情緒的狂潮所淹沒，讓他失去判斷自救的能力。然而，當第五型人力求精準，且簡潔地表達自己的想法時，可能會造成的語意不清，與極力保持理性的面無表情，很容易讓聽者產生誤解。

在溝通時，第五型人堅持「精要」的原則，他只希望對方陳述腦子裡的想法，但是請不要與他分享內心的感受。因為，感受的事情通常講不清楚，也講不完，這會讓第五型人覺得自己的能量一點一滴被耗盡。

因此，當第五型人只顧著談事件本身，並且表現出一些不想涉入私

人感覺的肢體動作，例如：當你說到激動處，他卻表情嚴肅，並避免與你的眼神接觸時，你就要小心了！因為，這表示他正在抗拒與你產生情感上的共鳴。如果，你真的很希望他對你的情緒做出回應，不妨先談一些他有興趣的事情，讓他稍稍鬆懈心房。

並不是每個人都和你一樣喜歡專注在理性層面的思考，也許，別人只需要一句溫暖的安慰。

第六型 謹慎忠誠者

【他不為你知的一面】他的心裡住了一個陪審團

第六型人從小就是一位緊張又謹慎的好孩子。他可能生長在一個威權式教育的大環境裡,或是有一位對家庭並未全心關注的父親,甚至很可能來自一個動盪不安的家庭,讓他不得不「四處找支持」。他以為,只要有人可以依靠,這樣他便可以安心地活在這個世界上。

第六型人通常是家裡的「小雞婆」,大小事情他都要囉唆一下,深怕大家沒考慮到可能發生的後果。第六型人對潛在的問題特別敏銳,當別人還在想著該如何進行時,他已經預見最壞的結果了。第六型人具有「忠誠合群、思慮周詳」的優點,但是當這個優點受到性格的扭曲時,便成了「多疑猜忌、自我打擊」的缺點。

第六型人的內心,住了一個時時刻刻在提出意見的「陪審團」,當他需要做某個決定時,他的內心會出現許多不同的考量,即使他已經偏向某一個選擇,他還是不放心地想聽聽別人的意見。他在內心經常嘀咕著:「真的可以這麼做嗎?」、「這樣做有缺點,那樣做也不見得安全……我到底該怎麼辦?」當然,其他性格類型的人偶爾也會有難以抉擇的時刻,或是反覆猶豫的行為,但是第六型人是無時無刻不在為選擇而煩惱。過度憂慮、活在「想像中的災難」的第六型人,很容易悲觀並且失去勇氣。

第六型人擔心的常常是雞毛蒜皮的小事，卻可以幫助團隊有準備地度過突發的危機，他的未雨綢繆，更讓大家體認到，凡事都有可能會發生。當性格健康度下滑時，第六型人的反應過度與剛愎自用，會讓周圍的人也變得焦慮不安，不僅得忍受他的抱怨與猜忌，還得提防他想搏取同情，所表現出的自虐行為。

【如何與生氣的他溝通】陳述事實，不責備、不鼓勵

當你的第六型伙伴開始減少與你接觸，或是失去以往的禮貌與友善，開始與你正面衝突時，你最好仔細回想一下，看看你是不是最近忽略了對他的友好表示，或是過於直接地給了他高壓的命令。當第六型人對某人感到不滿時，他通常會反覆分析彼此之間的問題。由於過度的思考讓他愈來愈焦慮，他常常會把所有的壓力歸諸於是對方給他的，也不願承認其實絕大部分的壓力是來自於他自己。此時，第六型人會更氣對方，並且將內心的恐懼與擔憂真實化，自我催眠地認定是對方造成的，即使對方根本什麼都沒有做！

第六型人愛鑽牛角尖，他習慣先設想出一個情況或原因，然後，再拚命去找能夠支持這個推論的線索，最後，他會抵死堅持他一手建構出來的「事實」。因此，與他溝通的關鍵在於，不要一開始就推翻他指控你的那些「事實」，而是表明，若你是他，你也會這麼想。最好能清楚地表達「你認同他的感受，但是並不完全同意他的推論」。

如果你想和一位第六型人化解衝突，不妨先主動表達你感覺到他的

233

壓力，並提醒他，若他願意，你很樂意與他談談。一般在生氣中的第六型人，會因為你主動釋出善意而稍微和緩下來。他會在仔細思考後找你長談。

如此，請盡量表現出溫暖真誠的態度。對許多第六型人來說，不是朋友便是敵人，只要他覺得你有心想談和，他會比較願意卸下武裝。只是，當他一開始在陳述對你的不滿時，請你按捺住想辯解的衝動，因為你會聽到很多不是事實的指控。讓他先說完，並且表現出理解的附和，讓他感覺你並不是要推翻他，而是一位想瞭解他的朋友。

對人事物充滿不安全感的第六型人，總是戴著恐懼的眼鏡看事情。如此不僅侷限了他的視野，也削弱了他的行動力。如果能讓他看見事實，不給他壓力，也不給他鼓勵，並且真誠地與他分享你內心的想法，他必然也會坦誠以答，做出公平公正的結論。

【他其實並沒有惡意】他只是想確認你是否有威脅性

第六型人對環境中的威脅與潛在問題特別敏感，因此，他會盡量為每一種突發狀況想好對策。容易憂慮的他，傾向只看見「倒楣」的可能，排除了「幸運」的機會。然而，當第六型人苦口婆心、鉅細靡遺地想將自己的擔憂說給別人聽時，他的焦慮與緊張，很容易讓聽者也產生莫名的恐懼與不安。

在溝通時，第六型人堅持「計畫性」的原則，他會在事前擬好要談的重點，並準備豐富的資料來佐證他的說法。只是，再完美的事前準

備，也敵不過第六型人能找出問題來擔心的毛病。他會擔心事情是否能照著計畫順利進行、自己的聲調是否聽起來很有說服力等，就是這些枝微末節讓第六型人緊張，並表現出防禦心。

因此，當第六型人只顧著設想，或是強調一些可能發生的問題，而忽略了眼前的實際狀況時，你就要小心了！因為，這表示他已經落入第六型性格的模式當中——「猜測與自我投射」。如果你不想花太多時間與他一起煩惱，不妨嘗試帶入一些正面的期待或假設，以平衡他的負面觀點。

 並不是每個人都和你一樣習慣預期最壞的結果，再者，別人的事情就讓別人自己承擔吧！

勇於嘗新者

【他不為你知的一面】他的心裡住了一位野孩子

第七型人從小就是一位聰明又快樂的好孩子。他可能生長在一個鼓勵挖掘各種機會的大環境裡，或是有一位關心自己多過孩子的家長，甚至很可能來自一個無法滿足他所需的家庭，讓他不得不「想辦法取得更多」。他以為，只要不錯過生命中所有美好的事物，這樣他便可以安心地活在這個世界上。

第七型人通常是家裡的「開心果」，口才、想像力與肢體語言都十分豐富的他，往往能讓家裡的氣氛熱鬧又活潑。第七型人擅長熱場，最主要也是因為他不喜歡冷清的感覺。第七型人具有「樂觀熱情、多才多藝」的優點，但是當這個優點受到性格的扭曲時，便成了「喜新厭舊、缺乏熟慮」的缺點。

第七型人的內心，住了一位時時刻刻想找樂子的野孩子，他很容易被新奇的事物吸引，而將原先進行的工作徹底丟棄。他絕不是輕易滿足的人：「說不定還有更好的會出現！」、「人生真是充滿歡樂，我可不能浪費了生命！」當然，其他性格類型的人也會希望享受生命，或是希望自己能有更多的選擇，但是第七型人是無時無刻不在找樂子，為明天的活動做盤算。只是，過度享樂、不願承受痛苦的第七型人，很容易變得膚淺並失去深刻思考的能力。

236

第七型人太過樂觀，卻可以帶領團隊大膽築夢，他的興趣廣泛，更讓大家有機會接觸到新奇的事物。當性格健康度下滑時，第七型人的過動善變與逃避現實，會把周圍的人拖下水，不僅得忍受他的歇斯底里，還得提防他不負責任地半途落跑。

【如何與生氣的他溝通】誠懇而直接，多鼓勵，少責難

當你的第七型伙伴開始沉默不語，以往的活力不見了，只剩下無精打采的懶洋洋，對於你的關心也是不痛不癢的一句「我很好」來搪塞時，表示他感到生氣，而且內心念頭正不斷地翻攪。當第七型人感到無聊，或是覺得不受重視，或是被不公平的批評時，他的內心是震驚而且疑問不斷的，外表則是掩藏不住的怒氣或是不悅。尤其當他得忍受某件事情時，他會毫不客氣地爆發出來，抱怨自己的時間被一群蠢蛋白白浪費了！

第七型人大多自認比別人聰明，所以當他感到自己的能力被質疑時，他會非常生氣而且難以接受。與人談話時，他總是不等別人說完，就自以為早知道別人想說什麼。活潑好動的第七型人，最怕被託付責任，或是去做他不想做的事。當他感覺到有人想掌權時，他會特別警覺而且處處抵制，因為他害怕從此失去自由。

如果你想和一位第七型人化解緊張的氣氛，不妨先主動以低調、不帶攻擊性的語氣詢問他的意見，或是，先簡單扼要地坦白你的觀感，再誠懇地詢問他的感受。別忘了，給他充分的時間抱怨，並且告訴他，

你瞭解他為什麼有這麼強烈的感受，同時表達你非常在意他的感受。如此，第七型人會因為氣氛對了，而更對你敞開心扉。

對未來充滿正面期待的第七型人，其實內心是恐懼不安的，只是他傾向以糖衣來包裝焦慮，將心思放在讓他開心的事物上面，以躲避痛苦。如此，不僅養成他無法深刻感受的缺點，更習慣將問題歸咎到別人身上。要他承認自己有問題是很難的，他總是為自己不當的行為編織一些正當的藉口，再不，乾脆丟給代罪羔羊，一勞永逸。

【他其實並沒有惡意】他只是容易感到無聊

第七型人不喜歡煩惱，更害怕無聊，因此，他會盡量避開會帶來不愉快的人事物。開朗樂觀的他，傾向只想看見或參與快樂的部分，至於痛苦或需要下功夫的部分，他是一點興趣也沒有。然而，當第七型人為了逃避壓力而刻意淡化問題，或是將原本是他的問題，卻技巧地歸因到別人的身上時，很容易誤導聽者，以為問題真的沒有那麼嚴重。

在溝通時，第七型人堅持「報喜不報憂」的原則，即使真的得說壞消息，他也會以一種比較輕鬆正面的口吻，甚至使用「比壞」的方式，以其他更糟的消息來比較，將此刻的壞消息變得微不足道。

因此，當第七型人要你別擔心某些小問題的時候，你就要小心了！因為他很可能自行減輕了問題的嚴重性。如果你很擔心，不妨向他坦白，你很感謝他提供的意見，不過你更希望知道實際的狀況，而不是他的片面轉述。

並不是每個人都和你一樣能夠一心多用，但是，這並不代表你比別人聰明。

 **第八型 天生領導者**

【他不為你知的一面】他的心裡住了一位弱者

第八型人從小就是一位富有正義感的好孩子。他可能生長在一個強調力量、弱肉強食的大環境裡，或是有一位需要他竭力爭取注意力與母愛的母親，甚至很可能來自一個弱勢家庭，讓他不得不「拚了命活下去」。他深深地相信，只要他能擊倒別人，這樣他便可以安心地活在這個世界上。

第八型人通常是家裡的「小霸王」，非常有自我主張的他，向來就不是父母心中的乖乖牌，有時還很可能是狀況最多的孩子。第八型人充滿正義感，喜歡扶助弱小，而且他不喜歡被管，所以他只好想辦法取得控制權。第八型人具有「勇敢自信、意志堅強」的優點，但是當這個優點受到性格的扭曲時，便成了「逞強好鬥、獨裁自大」的缺點。

第八型人的內心，住了一位隨時害怕自己被欺負的弱者，因此他必須以強者的姿態出現，讓自己免於受欺凌。他傾向把人生看成是一場場的生存鬥爭：「生命是現實而且殘酷的，不是你壓倒別人，就是別人把你吃掉。」、「我不在乎你是否喜歡我，我要你尊敬我！」當然，其他性格類型的人，也會希望自己擁有無敵的勇氣與決心，或是希望不受約束，但是第八型人無時無刻不在擴張自我，甚至為了權力而壓迫他人。只是，過度要求自主性與空間的第八型人，很容易招人怨恨而不自知。

第八型人太過自信，卻可以激發團隊的潛力，完成不可能任務，他的纏鬥精神，更讓大家學會要堅持下去才會有成果。當性格健康度下滑時，第八型人的專制與瘋狂，會讓周圍的人成為刀俎上的魚肉，不僅得忍受伴君如伴虎的壓力，還得提防他狠勁大發地搞破壞。

【如何與生氣的他溝通】
坦白但不挑釁，誠懇而不示弱

　　當你的第八型伙伴生氣時，我想，全世界的人都會知道。因為，儘管第八型人也想壓抑怒火，但是他終究會忍不住一次爆發出來。當第八型人覺得對方沒說實話，或是大家都沒有認真做事，或是自覺被大眾欺瞞或遭遇不公平的情況時，許多第八型人表示，他們都感到瞬間一股怒氣直衝腦門。一般來說，第八型人會先忍耐住怒氣，很快地把事情想一遍，釐清自己的立場。為了不讓自己失控發火，或是不小心表現出脆弱的一面，第八型人通常會刻意避開當事人，或是保持冷漠的態度，直到他再也忍不住的時候，他才會找當事人面對面說個明白。

　　第八型人認為，每個人都應該為自己的立場而戰，他寧願和你正面衝突，也不想看你忍氣吞聲。他會不斷地挑釁，直到你和他一樣生氣，或是一樣激動。對付怒不可遏的第八型人最好的方法就是，先讓他將怒火發洩完畢。他會劈頭罵個沒完，而且使用極盡羞辱之言詞，但是你只要能處變不驚地聽他罵完，接下來，等他稍稍恢復理智之後，他比較願意聆聽你的說法，甚至還會為剛剛的暴怒而有點不好意思。請記住，

241

「誠實」是與第八型人溝通的最高原則。第八型人寧願聽實話，即使實話難聽又不合他的意，同時，堅定的態度也會讓他心生佩服。所以，即使他把你罵到臭頭，你的誠實與堅定，會讓他願意再給你一次機會。

外表看起來粗線條的第八型人，其實內心也有柔軟細膩的一面，他只是覺得「英雄有淚不輕彈」罷了。所以，當有人批評第八型人沒血沒淚時，他通常都會為自己抱屈。不過，即使如此，他也不會輕易讓別人看到他柔性的一面。因為，第八型人傾向將「柔軟」解讀成「軟弱」，他認為一旦軟弱則會招來輕視與欺侮。所以，不要論定第八型人沒有感情，相反地，如果你擁有一顆單純的赤子之心，往往能卸下第八型人的重重武裝。

【他其實並沒有惡意】他只是不由自主地想壓迫你

第八型人不喜歡表現出脆弱的一面，因此他不會輕易在眾人面前流露感情，甚至還會刻意地武裝自己。強調公平與力量的他，欣賞白手起家，或是憑藉自我本事贏得尊敬的人。然而，許多第八型人並不自覺自己經常在爭取更多權力，或是想展現自我力量的一面。

在溝通時，第八型人堅持「引起重視」的原則，他認為，既然要說，就要說到「要害」，要給聽者重重的一擊。第八型人向來直言，除非他能夠自覺地控制脾氣，不然，充滿火力的言論常常讓聽者難以承受。因此，當第八型人緊握雙拳、身體離你愈來愈近時，你就要小心了！不要被他的氣勢所嚇倒，此時的他正想看看你有多少能耐，是不是

一位值得尊敬的對手。如果，你希望贏得他的尊重，冷靜與堅持將是最好的武器。

並不是每個人都和你一樣喜歡把問題速戰速決，但是，這並不代表別人無法解決問題。

 **嚮往和平者**

【他不為你知的一面】他的心裡住了一位佛陀

第九型人從小就是一位溫和貼心的好孩子。他可能生長在一個珍視穩定與和平的大環境裡，或是有一位他自覺非常親近的家長，甚至很可能來自一個有許多衝突的家庭，讓他不得不「安靜無聲地長大」。他以為，只要他不惹麻煩，這樣他便可以安心地活在這個世界上。

第九型人通常是家裡「最好說話的人」，他不會堅持己見地大吵大鬧，也不會自私地要求別人配合他。第九型人喜歡跟家人在一起，即使只是靜靜地待在一旁，他也覺得非常溫馨。第九型人具有「寬大包容、穩定自持」的優點，但是當這個優點受到性格的扭曲時，便成了「自我放棄、消極固執」的缺點。

第九型人的內心，住了一位時時刻刻在冥想的佛陀，他很容易就神遊到與眼前活動無關的事物上。他的包容心往往讓他很難做出決定：「我同意？還是不同意？」、「我到底是想待在這裡，還是想走？」當然，其他性格類型的人，難免也會有搞不清楚自己想要什麼的時候，但是第九型人是無時無刻不在「遺忘」自己的需要。只是，過度地迎合他人的第九型人，很容易變得凡事都無所謂並失去行動力。

第九型人太過溫和、不想與人為敵，卻可以為團隊減少對立的氣氛，他的不居功與不爭名，更讓大家體認到「謙和為貴」的力量。當性

格健康度下滑時，第九型人的心不在焉與消極的「不合作態度」，會讓周圍的人感到相當無力，不僅得忍受他製造希望的錯覺與假平靜，還得提防他拒絕現實，遁入內心的想像世界。

【如何與生氣的他溝通】關心並支持他的憤怒

當平常不輕易發火的第九型人生氣時，不僅旁人不容易察覺，就連第九型人自己可能也不知道自己在生氣。當第九型人感到不滿時，他通常依舊保持沉默，也不會有激動的肢體語言，就連鬥氣的話也不想說，所以一般人都看不出他在生氣。不過，細心的人仍舊可以從第九型人充滿緊張感的臉部表情，窺出他的不滿。當第九型人感到生活中的寧靜被打擾、不被支持，或是不被尊重時，憤怒會在心中不斷地累積，而且通常要經過一段時間的醞釀，第九型人才會忍不住地將氣憤發洩出來。只是，這種不是當場發作，而是事後愈想愈生氣的個性，往往造成第九型人容易有遷怒的傾向。

第九型人大多是溫和有禮的一群，所以當他覺得被無禮地對待或被占便宜時，憤怒的情緒便開始暗中滋長。不習慣當場面對衝突的他，總是在事後不斷地思索當時的景況，不僅氣對方，也氣自己。許多第九型人常常可以為一件事氣一輩子。當然，他們不是天天在生氣，而是只要一想起這件事，就會忍不住再抱怨一次。

如果你想和一位第九型人化解緊張的氣氛，一個沒有壓力的談話環境，加上你誠懇的態度，第九型人通常會比較願意說出憤怒的原因。試

著在一定程度上支持他，即使你不贊成他的想法，也要肯定他的感受。當第九型人覺得自己被支持，他會恢復像平常一樣，比較能夠包容不同的意見。這時，你可以婉轉地說明，他可能誤會了你的想法，並進一步向他解釋你的本意。

外表看似風平浪靜的第九型人，其實內心有如一潭死水，他不想攪動，也無力攪動。面對問題時，他傾向以不回應來回應，有可能是他還沒有想清楚，也可能是他覺得問題還不算太嚴重。如此，不僅養成他凡事能拖則拖的缺點，更習慣採取觀望的態度。除非他自己願意，不然逼他做事是很難的。他總是推託含糊，被逼急了也許會點頭答應，但終究是沒有行動的。

【他其實並沒有惡意】他只是不想破壞內心的平靜

第九型人不喜歡與人針鋒相對，因此他會盡量避免產生衝突。隨和的他，不願意見到別人失望，更不想讓自己成為破壞別人幸福的劊子手。然而，當第九型人為了不想傷害別人，而一再拖延或隱瞞事實時，反而可能會造成聽者更大的損失。

在溝通時，第九型人堅持「不傷和氣」的原則，只是，太在意融洽的氣氛，反而讓第九型人找不到適當的時機宣布壞消息。當第九型人不得不說出負面消息時，他很可能會過於贅述，因為這些話已經憋在心裡太久了，造成想說的事情愈講就愈多，甚至會加上許多他個人的觀察與猜測。

因此，當第九型人表達想與你討論事情時，你就要小心了！很可能他說了半天，你還是弄不清楚他為什麼找你談話。或者，即使知道討論的主題，卻無法肯定他的立場或偏好。如果你希望這次的溝通有效率，最好一再向他確認，你聽到的，是不是他想傳達的意思。

並不是每個人都和你一樣想營造友善和諧的氣氛，也許，別人喜歡直接切入主題。

國家圖書館出版品預行編目資料

改變你一生的九型人格 / 胡挹芬著. -- 二版.
-- 新北市：養沛文化館出版：雅書堂文化發行, 2017.08
　面；　公分. -- (I CARE快樂心田；8)
ISBN 978-986-5665-47-0(平裝)

1.人格心理學 2.性格 3.人格特質

173.75　　　　　　　　　　　　　106010640

I CARE 快樂心田 08

改變你一生的九型人格（暢銷新版）

作　　　者／胡挹芬
發 行 人／詹慶和
總 編 輯／蔡麗玲
執行編輯／李宛真
編　　　輯／蔡毓玲・劉蕙寧・黃璟安・陳姿伶・李佳穎
執行美編／陳麗娜
美術編輯／周盈汝・韓欣恬
出 版 者／養沛文化館
發 行 者／雅書堂文化事業有限公司
郵政劃撥帳號／18225950
戶　　　名／雅書堂文化事業有限公司
地　　　址／新北市板橋區板新路206號3樓
電子信箱／elegant.books@msa.hinet.net
電　　　話／(02)8952-4078
傳　　　真／(02)8952-4084

2017年8月二版一刷　定價350元

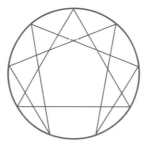

九型人格・幸福書展

富足的人生早就存在你的性格密碼之中，等候你的支配。
一張暗藏人性玄機的九芒星圖，
隨著畢達哥拉斯的筆記一起漂流，
歷經希臘、中東、歐洲、智利、美國……最後到達東方，
等待有心人一起破解性格密碼的奧祕！

Icare 快樂心田01
九型人格學（暢銷版）
作者：胡挹芬／定價：350元

敞開心門，誠實地面對自己的優點與缺點──
這是找到自我性格類型的首要條件。

一旦經歷了對自己誠實的自我探索過程，
你終將發現自我性格的真相。

Icare 快樂心田03
九型人格心靈密碼學
作者：胡挹芬／定價：320元

你自以為說得很清楚，但對方似乎總是聽不懂？
高EQ＝高領導力？
你是團隊的黑羊還是黑馬？
九型人格是古老的心靈密碼學，
它就像是一張人性地圖，指出人性中的各種欲望。
它可以幫助你瞭解自己與理解他人，破除人際迷霧，
是一項幫助人們喚醒真我的極佳法門。

Icare 快樂心田10
九型人格職場聖經
作者：胡挹芬／定價：350元

人生的每個階段，都需要自我覺察。
擁抱這些書，為自己增加能量，
每一天都散發自信光彩。

想要找尋另一半，但總是遇不到對的人？
總在等待，不知不覺光陰就如此蹉跎了？
雖然擁有另一半，卻愈愛愈覺得寂寞？
懂得愛，才能得到幸福——
這是一本最完整的戀愛導航，
幫你找到適合的人，不怕一直受傷害。

Icare 快樂心田11
九型人格說愛情
作者：胡挹芬／定價：350元

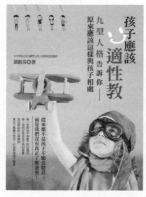

從來都不是孩子不願意聽話，
而是我們沒有真正瞭解過他！

每一型的孩子有著不同的個性，
每一型的父母也有不同的特質，
找出彼此的人格類型，
真正瞭解雙方的想法，打造和諧親子關係。

Icare 快樂心田15
孩子應該適性教：
九型人格告訴你，原來應該這樣與孩子相處
作者：胡挹芬／定價：350元

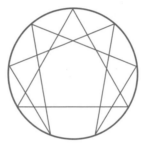